De todo cuanto fue

Letras & Poesía

Dirección General
Daniel Castaño Rivas

Coordinación Editorial
Laura González

Selección
Daniel Castaño Rivas
Laura González
Ana María Vargas
Xiomara Kuhn

Corrección
Ana María Vargas

Maquetación
Xiomara Kuhn

Contribuciones Artísticas
Portada y sección "Plenitud": Madina Asileva
Sección "Despertar": Oksana Kuliesh
Sección "Agonía": Daria Slobodianik
Ilustración interior: "Pikisuperstar"

ISBN: 9798346911319
Depósito legal: 028869

Digital o Físico (Bogotá, Colombia, 2024)

Es decisión editorial respetar los *deslices* gramaticales intencionales propuestos por el autor.

No se permite la reproducción total o parcial de este libro ni su incorporación a un sistema informático, ni su transmisión en cualquier forma o por cualquier medio, sea este electrónico, mecánico, por fotocopia, por grabación y otros métodos, sin el permiso previo y por escrito de los titulares del *copyright*.

Todos los derechos reservados ©

letrasypoesia.com

De todo cuanto fue

Antología

Letras & Poesía
LITERATURA INDEPENDIENTE

CONTENIDO

Prólogo 11

Despertar
Late, late 17
De manjar expirado, semillas 19
El viaje 21
Nueve meses 23
La brevedad del ave 25
Otro otoño 27
Floración..29
Olivetti 31
El vuelo de uno mismo 34
Desde las estrellas 36
Al otro lado 38
Metafísica 44
Travesía 46
Alguien murió..49
Posibilidad presente 51
Vuelo final 52
La ausente 54

Plenitud
El poderoso drama 59
Desatada 61
Tengo la edad...63
Congelar su paso 65
El tiempo que no soy.............................66
Cementerio 68
Sol 71
Biografía de lo hecho 73
Segundas nupcias 74
Veintidós 78
Kenopsia...80

Ambliopía..82
Noventa..83
Promesa y premisa
de muerte y de vida...............................84
¿Cómo será? 85
Ser 86
Qué quieren
la muerte y la vida..................................87
Huellas de un árbol inextinto 90
Existencialismo 93

Agonía
Porque te fuiste de gira.........................99
Desmonte 101
Frustra 104
Laguna del sentir 107
Temor 108
En la mirada hecha agua 109
Eres polvo 110
La casa de los abuelos 111
Al doblar la esquina 112
La gárgola intangible 114
Terraza fosca 115
El último epitafio 116
Gelatina de piña 118
A dos almas puras................................120
Cláusula explícita 123
Ahora, la lluvia 125
Epílogo 127
Desencajados 129
Seísmo de sábado................................136
Prófuga 138
Eppur si muove 140
Ajedrez...141
Recuerdos..143

Verde mortuorio 145
Pánico 147
Viaje sin retorno 148
Alma a trizas 149
Bigote de abuelo 150
Morir en silencio 152
Historia sin comienzo 154
Es la muerte 155
Recuerdo de una imagen 157
Para un desertor..158
Miedo..159
Una última copa 160
Hágase nuestra voluntad..162
La parca..163
Si se muere 164
La muerte..166
Viaje en bus..168
¿Qué decir después de una muerte? 174
Ego iam mortuus sum 176

Autores 179

Prólogo

Este libro aborda dos de los grandes temas de la literatura: la vida y la muerte. Jorge Luis Borges, en una entrevista, afirmaba que el arte gira en torno a cinco grandes temas —el amor, Dios, la naturaleza, la vida y la muerte— sobre los cuales se ha escrito y se seguirá escribiendo. Ya en la mitad del siglo XX Borges se preguntaba qué más se podría decir sobre estos temas que no se hubiera expresado antes. A pesar de ello, el argentino publicó cerca de cuatrocientos noventa y cinco libros, abarcando poesía, cuentos y ensayos. Hoy, nosotros también nos cuestionamos qué más podríamos escribir, imaginar y, al final, poetizar sobre la vida y la muerte.

El recorrido literario que estos dos temas han comprendido es, por no decir menos, infinito. Por excelencia, un autor toma —y en muchos casos, retoma— estos tópicos de reflexión a lo largo de su trayectoria creativa.

La vida es una experiencia profundamente humana, el terreno fértil y vibrante sobre el que se puede escribir, mientras que la muerte representa la contracara de esa experiencia individual y colectiva. Ya sea a través de un ingenioso hidalgo, de un hombre que se despierta una mañana convertido en un insecto, o de un coronel que, muchos años después, frente al pelotón de fusilamiento, recuerda aquella tarde remota en que su padre lo llevó a conocer el hielo, los poetas develan y, a menudo, ambicionan ese dinamismo perpetuo entre la vida y la muerte en ese acto de la escritura.

En respuesta a la pregunta sobre qué más podríamos decir acerca de estos temas, veintisiete autores hispanoamericanos se reúnen en esta antología crítica de Letras & Poesía, donde, a través de poemas y relatos cortos, ofrecen un nuevo tratamiento estético de estos tópicos y cuestiones. La vida y la muerte aquí se presentan como una totalidad en la que el dolor, el amor, la angustia, el miedo, la felicidad, la envidia, el desengaño, la soledad y la prosperidad constituyen el inicio y el fin.

La antología *De todo cuanto fue* es un libro repleto de asombrosas claridades sobre esa totalidad. Aquí, como en cualquier otro caso, se entrelazan los dos temas, no prevalece uno sobre el otro. El lector encontrará al concluir su lectura que lo valioso de esta selección de textos es la creatividad con la que cada autor aborda estos conceptos, transformándolos en un flujo y una respuesta moderna sobre la existencia, y reflejando sus vivencias y sentires.

El libro está dividido en tres partes: "Despertar", "Plenitud" y "Agonía". Cada una hace eco al tiempo y, especialmente, al paso del mismo. La sección "Despertar" reúne experiencias que forman parte de nuestra vida temprana. "Plenitud" se encuentra en un punto intermedio, porque señala el momento o situación de mayor intensidad. Y, por último, "Agonía" explora la maduración de nuestra existencia, el miedo o la superación de la vida, y se muestra como ese susurro final, una etapa de cierre afortunado o desafortunado.

En definitiva, este es un libro sobre experiencias, una colección de respuestas sobre la existencia. En un mundo cada vez más complicado, la literatura se convierte en una posibilidad —quizás la más auténtica— de observar y comprender la complejidad humana.

Laura González
Coordinadora Editorial

Despertar

Late, late

Miguel López Pardo

Late, late, ríe y llora,

siembra a tientas, crece en boga.

Muerde, muerde, escupe frío,

el fuego aplasta el cuerpo erguido.

Llueve, llueve, aprieta, barro,

amable el baile, escaso el llanto.

Ríe, ríe, abunda el río,

ayuno había al verte esquivo.

Salta, salta, llega, techo,

siente entero el vuelo eterno.

Corren, corren, vuelan, largo,

los segundos, nuestros pasos.

De todo cuanto fue

Despertar

Late, late, noche, freno,

se avecina, no hay tormento.

Suelta, suelta, voz, remedio,

luz oscura, rostro enfermo.

Calla, calla, sol, cortejo,

savia clara, rostro abierto.

Sol, renombre, vida, aliento,

tus crujidos dejan sello.

Late, late, ríe y llora,

fruto viejo, fresco aroma.

Late, late, corre, vuela,

muerde el polvo, sé tu meta.

De manjar expirado, semillas

L.H.R.

A primera hora naces con luz,

de raíz a tallo, a rama, a hoja.

De fuego, esfera te observa, nerviosa,

esperando a tu belleza custodiar.

Sobre ti se posa y admira el brillo,

de verde a rojo osaste cambiárselo al vestido.

De rocío sobre tu piel resbala caprichoso,

ensalzando tu primeriza acidez jovial.

Solo quedan brasas en la hoguera

que juraste percibir chimenea artificial,

y aquella falta, aquel cansancio,

de moratones pretendió tu coraza llenar.

Y así, de pronto, tu luz se puso.

¡Pobre fruto, caído tras haber nacido y

tras haber florecido, nada más oxidado.

Carcomido tras haber vivido lo equivalente

a una efímera vuelta del sol!

Fruto, vuelve a la tierra

donde hubiste de nacer.

El viaje

Jotaerrecé

Las olas mecen

al niño en la cuna,

el viento susurra

una nana castiza,

la luna alumbra

el primer diente de leche,

y un brote tierno

que en la tierra se anida.

El sol despierta

al viejo en la cama,

los rayos se funden

en su piel desnuda,

el río refleja

su dentadura postiza,

y un tronco seco

que en la maleza descansa.

Entre el alba y el crepúsculo,

la existencia danza, fugaz y constante,

en el ritmo eterno del tiempo

que nos acoge y nos desarma.

Despertar

Nueve meses

Kervin Briceño Álvarez

Si de algo fuimos testigos solitarios

fue de la formación de nuestros cuerpos,

de lo que fuimos, somos y seremos,

de la embriogénesis inicial,

el primer paso de todo ser.

División y agrupación de temibles criaturas,

nuestras madres celulares,

microscópicas,

ordenadas cual pelotón de soldados

conquistando un vasto territorio

que acabaron dominando a su antojo.

Aparecen los vestigios de órganos,

nos desarrollamos frenéticamente,

dejamos de ser el producto del éxtasis

para convertirnos en almas animales

mucho antes de nacer.

Algo nos sujeta, nos mantiene vivos,

atados a nuestra madre

en ese útero que le pertenece solo a ella,

hasta que el nacimiento nos separe.

Dormimos en una habitación acuosa,

incomunicados con la vida,

éramos criaturas felices

hasta que nos expulsaron de ese paraíso

para entrar en una constante tregua

entre la supervivencia

y la muerte.

Despertar

La brevedad del ave

Alejandro Kosak

Como síntomas de una

mortalidad nata,

comemos el tiempo

acostumbrados a la presencia

de los soles que vanamente

alumbran nuestra terquedad

hasta el ocaso.

No así el ave,

que en su vuelo estira

el segundo en largo instante,

espera, potencial,

los atributos de su esencia.

Mientras tanto,

el beso que no se da

fortalece en olvido.

De todo cuanto fue

Cada sonrisa nos acerca a la sombra.

Todo lo que nos ama se aleja.

Y el ave, sin embargo, vuela.

Otro otoño

Pablo Fernández de Salas

Otro otoño asoma sus hojas de fuego

y revuelve tus cabellos con su aliento.

Otro otoño que se apila en el estante,

combado por el acumulado exceso

que, lo mismo que devora de tus carnes,

regurgita en esa tabla todo el peso.

Otro otoño que añadir a tu receso.

Otro otoño, como aquellos que te vieron

florecer al mundo en tierras alemanas,

como aquellos que extendieron tus raíces

sedientas bajo el sol perpetuo de España.

Otro otoño. Otro otoño como aquellos.

Enigmático, cambiante, fatídico.

Otro otoño como aquellos, pero otro.

Un otoño que amontona despertares

y atesora gestaciones venideras.

Un otoño que trasluce un nuevo invierno,

De todo cuanto fue

más blanco, callado, sin frío, eterno.

Un otoño que deshace las banderas

que otros otoños pusieron en sus mástiles.

Un otoño que te acompaña al pasar,

con los ojos de un depredador que espera,

marrón la sangre de sus versos rasgados,

rojo el latido de su voz zalamera,

negro el rumor de su promesa hacia el mar.

Y blanca. Blanca, como lo es tu experiencia,

la meguez con la que este otoño te da,

como a tantos otros del ayer y el hoy,

su santa unción de nieve y... rumor a sal.

Floración

Kervin Briceño Álvarez

Hoy y siempre, te haces polvo,

vivo y purpúreo como el carmesí.

Te marea la fragancia de una tímida azucena,

descrita con nombre femenino,

naciente y frondosa en el verano.

Pinceladas que graban tu existencia,

te pierdes en tu país boscoso

de capullos, pétalos y polen.

Abres tu boca de aliento a jazmín

con una lengua enérgica

que toca la punta de un rayo de sol,

y es así como se sella el pacto

entre dos labios destinados a amarse.

Eres un girasol marchito por la lluvia
que contempla un rocío amenazado,
no quieres dar ningún paso en falso,
es tu jardín destrozado, moribundo,
que vuelve a nacer.

Despertar

Olivetti

Coti Molina

En el sueño, estoy sentada en un salón blanco de grandes ventanales. Tengo un libro de Cortázar en las manos, probablemente el de los cronopios. Inspecciono el lugar con la vista cuando, de pronto, lo veo entrar: trae un chaleco marrón y su pipa, los ojos y la barba inconfundibles, unas hojas bajo el brazo y una sonrisa triste en los labios resecos. No me ve; yo soy el fantasma.

Me quedo horas observándolo escribir. Intento tocarlo, pero mis manos son aire que lo traspasa, y él es tan sólido que parece rebelarse contra algo aún más consistente: el peso y la sustancia de la necrológica que fija su muerte un doce de febrero del ochenta y cuatro, cuando todavía no me hallaba en condiciones de llorar por ningún escritor ni por ningún otro ser antropomórfico capaz de estaquearme el alma.

Él está mareado o borracho; tambalea su cuerpo mientras teclea como poseído en una Olivetti. Sus dedos me hipnotizan. Pienso en Chopin y, un instante después, en un joven Charly García que baila oscilante, con las manos sobre el piano. Las manos se parecen mucho, pienso, cuando le dan vida a un mundo que agoniza. Cualquier mundo, incluso el suyo, repleto de palabras vivas a pesar de todo.

Suena el timbre, él abre. Alejandra también parece un fantasma, pero a ella la ve. La abraza y su cuerpo pequeño se pierde entre sus brazos. Por un instante, son uno; no distingo dónde termina un cuerpo y comienza el otro. Se mimetizan con tal naturalidad que el abrazo parece una suerte de aleación rutinaria. Los ojos se funden en un verde azulado y me acerco con la ilusión de comprobar la existencia de los cíclopes. Pero, inmediatamente, ella se despega de él, como una sábana agitada por un viento repentino.

Él retoma la escritura en su Olivetti. Cada vez que baja de renglón, la mira un instante, como buscando, pidiéndole, rogándole inspiración. Ella, hipnotizada, sigue el baile de sus manos.

Entretanto, los miro conmovida; los vigilo, los estudio, analizo sus miradas furtivas, como si esperase descubrir un secreto: ¿el de la poesía?, ¿el de la vida y la muerte?, ¿el del universo? No sé qué espero.

—Prefiero tener la boca llena de flores que de peces —escupe ella.

De pronto, Julio deja de escribir, saca abruptamente la hoja de la máquina y la rompe. Con el ceño fruncido y las manos temblorosas, toma un Gauloise y lo enciende. Mira el cerillo consumirse en su mano, la llama estremecida, como si estuviese a punto de hacer estallar una bomba. Solo lo suelta cuando el fuego está a punto de quemar sus dedos.

La mira detrás del humo, con ternura melancólica, le hace señas para que se acerque más. Sé que va a decirle algo al oído y me acerco tanto, tanto, que mi oreja parece estar en el mismísimo lugar que ocupa la de Alejandra. La boca de él, a milímetros de distancia, le dice al oído: «Solo te acepto viva».

Doy un paso atrás, conmovida y un poco avergonzada por haberme inmiscuido en esa escena tan íntima. Pongo las manos sobre los hombros de ella, no percibo nada. Salvo el silencio. Presiento que él lo sabía desde mucho antes de quedarse dormido.

Julio saca la última hoja de la Olivetti, la coloca sobre las anteriores. Cuando levanta la vista, ella ya ha comenzado a desvanecerse. Él la imita. Pronto ambos son estelas luminosas que bailan dentro de la habitación, las hojas en remolino acompañan su baile etéreo.

En algún lugar del mundo, Julio despertará en los brazos de una mujer, en la sala de maternidad de un hospital. Su nueva madre lo llamará de otra manera. En algún lugar del mundo, Alejandra despertará en los brazos de otra mujer, que también le cambiará el nombre.

¿Y yo? Tengo la seguridad de que ya no despertaré. A esta altura mi familia debe estar en preparativos de mi velatorio. No sé cuánto tiempo estaré en este cuarto sola, pero al menos tengo la Olivetti y dos manos rebosantes de palabras.

El vuelo de uno mismo

Miguel López Pardo

Ya veo desde lejos,

ya veo desde cerca,

perderse entre los valles

aquella linda estrella.

Me dice entre los valles,

pidiendo sin receta,

que luzca de mis sombras

cuál sea mi certeza.

Se iba ya apagando

sin lloro ni corteza,

diciendo a pleno vuelo:

«¡Rescata tu viveza!».

Despertar

Que hay tiempo de lamento,

que hay furia denostada,

sin ruido en este valle,

tal vez no somos nada.

Y entonces me doy cuenta

del vuelo y de su estela,

que o corro, o se me apaga,

que o vuelo, o se me vuela.

Desde las estrellas

Kervin Briceño Álvarez

Somos infinitos...

Madre, mi luz estelar,

hazte mi guía en las alturas.

Sé cautelosa, no muerdo.

Llévame contigo, aún tengo aliento.

No quiero perderme en la oscuridad

que se enfría y se expande,

desaparecer sin rastro,

sepultado para siempre en el infierno.

Eres tú mi protectora,

la dama astral que me amamanta

sin abandonarme en sueños

a la espera del último latido

de este corazón en desahucio.

Despertar

Eres la atracción de la materia

en la cosmogonía, siempre única.

El parto que origina millones de astros,

como el corazón de una estrella

que se derrumba sobre sí mismo.

Ocúltame de la codicia

de ese banquete cósmico que es la vida y la muerte.

Desaparecer, ya no quiero.

Mi polvo y partícula son una mezcla

sin sabor, sin olor, sin vida.

Dame, amor de madre,

la que tuve sin querer de nacimiento.

Todos somos hijos del universo,

eternos, eternos.

hasta después de la vida...

Al otro lado

Carlos Grossocordón

La vida en la Tierra cambió un 25 de marzo del año 2041. Por primera vez en la historia de la humanidad, se descubrió la existencia de *vida* después de la muerte.

Un grupo de científicos estadounidenses, cofinanciados por otros departamentos de investigación, desarrolló un dispositivo electrónico que permitía conectar diferentes realidades subalternas por medio de la aplicación experimental de la *teoría de las cuerdas*. Este modelo fundamental de física teórica explica que las partículas subatómicas (electrón, protón y neutrón) son, en realidad, estados vibracionales de un objeto extendido más básico, conocido con el nombre de *cuerda*. Estas cuerdas pueden vibrar en diferentes modos, y las diferentes vibraciones dan lugar a partículas con propiedades y masas específicas.

Al iniciar el experimento, las primeras respuestas recibidas procedían de partículas subatómicas inversas. Es decir, si el equipo científico transmitía un electrón a través de su dispositivo, instantáneamente recibía un protón. Este proceso fue ampliándose con diferentes frecuencias de ondas electromagnéticas, lo que llevó a una modificación de la amplitud y el alcance del espectro, logrando una gran variedad de respuestas. Por tanto, las primeras hipótesis planteadas —tras los recientes resultados hallados en el laboratorio— se encaminaron hacia reacciones-réplicas proyectadas de otros universos paralelos.

Con el paso de los años, los científicos llegaron a la conclusión de que este tipo de respuestas no procedían de otros mundos paralelos al nuestro (lo que también hubiera sido un enorme descubrimiento para la raza humana), sino de un lugar —tradicionalmente recreado por todas las religiones monoteístas actuales— que sucede tras el fallecimiento de un individuo en su forma corpórea. Ahora se tenía la certeza científica de que el cielo o paraíso (cristianismo), *jannah* (islam), *svarga* (hinduismo), *sukhavati* (budismo) o *valhalla* (mitología nórdica), sea cual sea el término empleado para definir este lugar sagrado, existía realmente tras el periodo de estancia en la Tierra.

Este dispositivo se perfeccionó gradualmente y nuevas empresas de telecomunicaciones se sumaron a este macroproyecto. En consecuencia, antes de acabar la década, ya existía en el mercado un prototipo que permitía hablar con personas fallecidas. La revolución que produjo este descubrimiento cambió por completo la vida de las personas, quienes sentían una necesidad imperiosa de comunicarse con sus familiares y amigos desaparecidos.

Este nuevo artefacto, disponible en todas las tiendas y grandes superficies comerciales, se trataba de un pequeño mando a distancia que, mediante la introducción de una serie de datos específicos de la persona difunta (nombre y apellidos, edad y lugar de fallecimiento), localizaba en un breve periodo de tiempo a la persona con la que se deseaba interactuar. Acto seguido, se establecía la conexión entre ambas *realidades* y los individuos iniciaban su correspondiente conversación a través de un pequeño teclado incorporado y una pantalla retráctil donde se reflejaban los diálogos resultantes del encuentro.

El concepto de muerte cambió para siempre. A los individuos que no estaban con nosotros ya no se les reconocía como muertos, difuntos o personas fallecidas, sino como individuos no terrenales, es decir, aquellos sujetos que habían abandonado la vida en la Tierra por otro espacio o lugar (todavía desconocido, aunque muchas hipótesis incidían en una realidad alternativa a la nuestra), en la que ahora habitaban para toda la eternidad.

Ninguna persona que hubiera utilizado este dispositivo dudó en algún momento de la veracidad de los resultados, porque, básicamente, todas las respuestas que daban los no terrenales eran ciertas y solo conocidas por las personas que las planteaban. Esta nueva herramienta, que también estaba al servicio de las fuerzas y cuerpos de seguridad del Estado, permitió zanjar muchos crímenes no resueltos debido a la falta de pruebas y testigos. Era tan fácil como preguntar a las víctimas quién o quiénes habían sido los causantes de su desaparición física.

Las posibilidades de uso eran ciertamente infinitas. En menos de cinco años, se podían leer nuevos libros escritos por autores inmortales como William Shakespeare y Miguel de Cervantes, escuchar novedosas composiciones musicales de Mozart y Beethoven, o reflexionar junto al activista hindú Mahatma Gandhi. La cultura floreció a pasos agigantados y se vivió un periodo similar al acontecido durante los siglos XV y XVI en Europa con la aparición del Renacimiento.

Asimismo, resultaron paradójicas algunas de las respuestas que facilitaban los exdifuntos. Por ejemplo, todos negaron rotundamente la existencia de un creador o dios que estuviera al mando de la vida de los seres vivos, y a la pregunta «¿eres feliz?», respondieron enérgicamente que sí. Dicha contestación resultaba totalmente lógica: estaban en un lugar sin enfermedades, guerras, dolor ni sufrimiento. Este hecho alteró la vida de las personas que poblaban la Tierra.

La existencia de este dispositivo, durante varias generaciones, modificó la conducta que se tenía sobre el sentido de la presencia de la raza humana en la Tierra. De alguna forma, se perdió el respeto hacia la muerte, y los casos de suicidio aumentaron exponencialmente. Según los datos de la Organización Mundial de la Salud (OMS), en el año 2020 la cifra de suicidio anual estaba cuantificada en setecientas mil personas, con grandes divergencias entre los diferentes países analizados en la muestra. Treinta años después, esta cifra subió hasta los siete millones de suicidios anuales en todo el mundo, desatándose un verdadero problema demográfico y sociológico en la mayoría de los países del planeta.

Poco a poco, se creó un clima de inestabilidad económica y numerosas crisis azotaron a las poblaciones actuales. Las personas simplemente perdieron el interés por trabajar, sabiendo que, en unos años, irían a un lugar donde no les faltaría nada y vivirían felices eternamente. De hecho, las preguntas trascendentales que siempre nos hemos formulado como especie (¿Quiénes somos? ¿Por qué estamos aquí? ¿De dónde venimos?) quedaron más desiertas que nunca al no tener una deidad que pudiera justificar el sentido de la vida y nuestra presencia en la Tierra, provocando un incipiente estado de embotamiento generalizado y, en definitiva, mortal para la raza humana.

Algunos gobiernos, conscientes de la emergencia humanitaria que se avecinaba, prohibieron el uso de este dispositivo de contacto entre los dos mundos. Pero el mal ya estaba hecho. Debido a un estado de desmotivación globalizada, los médicos dejaron de ejercer su profesión y muchas enfermedades que se creían erradicadas, gracias a las vacunas, reaparecieron con más fuerza que nunca: la difteria, el tétanos, la tosferina, la poliomielitis, el sarampión, la rubeola o la parotiditis. Además, aquellos que no tenían la valentía para suicidarse celebraban con un inmenso orgullo el diagnóstico de alguna enfermedad letal, como el cáncer o la ELA, porque pensaban que estaban un paso más cerca de conseguir la felicidad eterna al otro lado.

Doscientos años después del hallazgo de vida tras la desaparición terrenal, existían pequeños reductos humanos y poblaciones nómadas en la Tierra que todavía no habían sucumbido a la histeria colectiva de sus antecesores. Estos seres marginados vivían en paz con la naturaleza y aprovechaban cada segundo de su tiempo para disfrutar del maravilloso regalo de la vida en este planeta (fuera quien fuera el que estuviera detrás de todo aquello), aunque con la mirada puesta en el paraíso que les esperaba después.

Quién iba a pensar que el mayor avance tecnológico y científico conseguido —desde la implementación y desarrollo de la inteligencia artificial— provocaría el principio del fin de la raza humana en la Tierra.

Fin del informe «El ocaso de los seres humanos entre los años 2041 y 2267».

I. A. Alpha XVI

Metafísica

Miguel Gómez Castro

Sentía que esto ya lo había vivido. Se sujetaba la cabeza con las manos, pensativo frente a un papel en blanco. La hoja brillaba bajo la luz del foco, esperando a ser escrita. Se fue a la cama; las sábanas eran antiguas y al subirse crujieron los muelles del colchón. Miró boca arriba durante un tiempo, quizá para encontrar la inspiración en alguna parte del techo de madera. El viento soplaba con fuerza y se podía ver el diluvio a través de la ventana desde donde estaba tumbado. La lluvia había hecho un pequeño río que corría calle abajo mientras las gotas seguían cayendo con fuerza. Serían sobre las tres, supuso.

Por un momento, se puso a buscar la luna, una misión imposible entre tantas nubes. Se preguntó si, metafóricamente, en la vida existían también "nubes" que impidiesen ver algo que ya estaba ahí. Un par de coches pasaron lentamente por la calle. ¿Dónde irán a estas horas? Se percató de que, con tanta observación, no había escrito ni una palabra en aquella hoja. Comenzó escribiendo sobre un chico que intentaba empezar un relato sentado en una silla, mientras afuera llovía y dos coches le impedían concentrarse. ¡Qué casualidad! Empezó a plantearse aquella situación. En cierto modo, había creado sobre el papel la esencia de una persona que, dentro de una realidad ficticia representada en la mente de quien lo leyese, creería existir por sí misma.

Se sintió algo abrumado por la idea de haber sido capaz de llegar a crear algo así y soltó el bolígrafo. ¿Y si él también era parte de un escrito? ¿Y si en este mismo momento solo estaba viviendo la ilusión de estar vivo, porque una mente estaba leyendo lo que le estaba pasando? La cama donde se había tumbado, los coches y hasta la lluvia serían solo una imagen creada por el cerebro del lector. También pensó que, quizá, si volviese a leer lo escrito, sentiría lo que se denomina como *déjà vu*. Y lo peor: ¿qué sería de él y de su realidad si su creador dejase de escribir?

Un trueno le sacó de aquellos pensamientos y, volviendo al mundo real, supuso que no iba a encontrar la inspiración para seguir contando la historia del chico en la silla. Así que, movido por la idea de que era el creador de aquella persona, terminó escribiendo que se levantó de donde estaba y se echó a dormir. Así, al menos, dejaría de existir mientras duerme, una idea algo compasiva, pues casi todos preferiríamos morir mientras dormimos para no sentir nada.

Al terminar de escribirlo, apagó el foco, bajó la persiana y se metió en la cama. Poco a poco fue entrando en un sueño profundo, con la idea en mente de que, si también fuese el personaje de una historia que se dejara de escribir en ese momento, no volvería a despertar jamás.

Travesía

Miguel Gómez Castro

La noche movía cascabeles de trigo seco
en el silencio de las hojas del pinar,
un caballo negro con dueño malherido,
rosas de sangre en su costillar.

Buscando cobijo y calor de un techo,
va el equino cargando al amo,
desfallecido en su espalda dormido,
balbuceando idioma escondido su leve susurrar.

Observas en tu lecho de estrellas,
¿cabrían acaso dos más?
Que ni el establo es establo, ni el pajar es pajar.

Arroyos rojizos por el vientre afloran,
miles de campanas empiezan a sonar,
buscando la luz en la noche y el frío,
caballo solo y hundido, no cesa su caminar.

Casualidad de milagro en noche de guerra,

pues pura doncella en su paseo lunar

crúcese con el caballo y el chico,

luz de esperanza en alma animal.

Observas en tu lecho de estrellas,

¿cabrían acaso dos más?

Que ni el establo es establo, ni el pajar es pajar.

En firme granero descansa el equino,

establo infinito de noche invernal,

muchacho en la cama se postra tendido,

muchacha de blanco vestido, diosa al sanar.

¿Dónde estoy, bella dama?

¿Y mi querido Alcotán?

Comiendo cien ramas de trigo,

descansando tranquilo en pajar.

¿Quién es usted que me cura?

¿Qué es este lugar?

Soy la Luna que os ha recogido,

para que en paz podáis descansar.

Despertar

Alguien murió

Ana Belén Jara

Alguien murió
en las vías de Fuencarral.
El tren no avanza, más bien,
casi como la vida,
y reniega con el motor
y el murmullo del gentío
nunca tan desesperante.
Yo prefiero estar arriba,
como niña en un vientre,
sintiendo el latido de la madre
que abajo pierde 30 euros
otra vez.
Pero alguien murió
en las vías del tren.
Vos dormís en alguna parte
como el libro que me diste
duerme en mi bolso.
El muerto sigue ahí tumbado,
alguien se pregunta por qué no va a llegar

De todo cuanto fue

Despertar

al encuentro de un otro que,

entristecido,

esperará noticias,

estas reservadas para cuando

recuperemos la señal.

Pero alguien murió,

solo saberlo muerto y no poder verlo

me recuerda

al recuerdo narrado de la

muerte en tus brazos.

Justo dos o tres

días antes de vernos por

primera vez,

vos pediste un poema.

Qué injusto es sentir

la necesidad de escribirlo

ahora que,

como alguien muere,

algo viene al mundo

a revivirlo.

Posibilidad presente

Estefanía Soto

Menos peso en esta tarde que, de pronto,

se ha vuelto posible, llena de rostros optimistas

a los que invitar a una cerveza. Ideas del tiempo

que tanto imploro, silencios de fantasía

que tanto escucho, serán devueltos a este instante

sin ser del todo conscientes de su libertad.

Ahora los tendré todos para mí, como si la puerta

ya estuviera más que abierta, sin vallar, sin trampas,

con todo el campo posible. Todos los —yo— que dejé

aparcados se reúnen hoy para saber qué hacer conmigo,

con esta posibilidad presente. Y aquí estoy, agarrando

todas mis dudas para lanzarlas también al vacío.

Vuelo final

Aurora Hernández

Decidí echar a correr y dejar todo atrás. Descalza. Con los pies quemados de tanto pisar piedras y aparentar que no se me clavaban astillas a cada trote, donde mi peso parecía multiplicarse. Mustia, con la efervescencia de un fermento y a punto de explotar, miré a mi izquierda. No con el deseo de ver más allá del sufrimiento que sentía, más bien con la soberbia del que espera que le molesten por merecerlo y no quererlo. Y allí estaba quien entonces no hubiese dicho que importaba: un pájaro azul rey con el rostro de la ternura y la templanza del orden.

Con la sed que acumulaba y la ceguera de mis necesidades, interpreté enseguida que se reía de mí. No de forma consciente, sino desde el juicio del ego que siempre se equivoca pero se sienta en primera fila. Me mostraba su presente, vivido, no planeado, pero siempre esperado. Su cuna, su nido, donde su familia esperaba impacientemente, con suerte y fe ciega, un trozo de pan duro echado a perder, robado de cualquier ventana; y con mayor probabilidad y acierto, una cucaracha muerta de hace días, afectada por cualquier líquido nocivo. Se reía, se mofaban todos de mí por no ser capaz de celebrar la vida y por encadenarme a una red de pensamientos plantados por otras manos, y sueños arrancados por las mías propias. Boquiabierta, progresivamente me fui, sintiendo cada segundo que pasaba más y más vulnerable.

Súbitamente y sin dar muchas más vueltas a nada de lo que estaba haciendo mi cuerpo, cambié mi recorrido por completo, dejé de mirar a la familia, aunque no tuviese cabida otra imagen en mi cerebro que no fuese ese vuelo contoneante y esos picos a medio desarrollar moviéndose sin parar. Miré mis manos, hinchadas y morenas de todo el sol que llevaban recibiendo desde que decidí partir, y, sin pensarlo mucho, las apreté, clavándome las uñas en las palmas. Un par de lágrimas salieron de ellas, como lo hicieron de mis ojos. Entonces miré al cielo, y eché a volar. El pájaro empezó a importar.

La ausente

Paula Obeso

Un día me encontré de frente con la muerte. Le pregunté:

—¿Cuándo llegará mi hora?

Ella me devolvió una sonrisa indescifrable y solo dijo:

—Morir es un privilegio reservado para los vivos, querida.

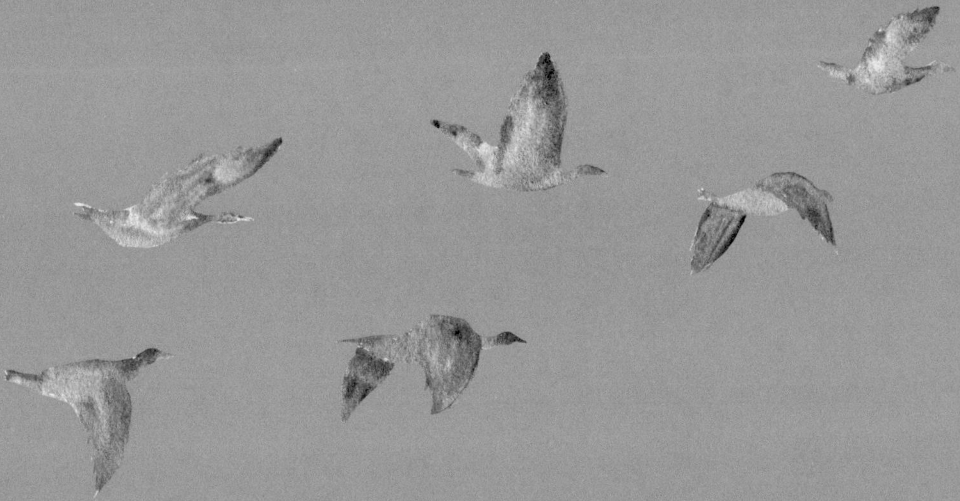

Plenitud

El poderoso drama

Raúl Carreras

«¡que prosigue el poderoso drama
y que tú puedes contribuir con un verso!»
(Whitman, 2020)

Los torcidos renglones de la vida
transitan por un valle de amargura,
convirtiéndola en potro de tortura,
grabándose sañudos en la herida.

El drama que prosigue a la partida,
poderoso se encumbra sin cordura,
llegando proceloso a la locura
si a los tercios no llega la vencida.

Y aún con la tragedia acechadora,
las cuitas siempre buscan el reverso,
e inspirado por la musa a cada hora,
el dolor de lo bello se hace terso

De todo cuanto fue

con la rima y la estrofa embaucadora,

y se olvidan los dramas con el verso.

Plenitud

_____

Cita tomada de:

Whitman, W. (2020). ¡Oh mi yo, oh vida! En *La vida es desierto y oasis: Selección de poemas* (p. 12). Municipalidad de Lima.

Desatada

Coti Molina

¿En qué piensa la niña

que hace equilibrio

en el cordón de la vereda?

Quizás piense en una cuerda floja

coronada de almohadones,

o en la posibilidad seductora

de caer al vacío que gime a sus pies.

Quizás se piense elefante

dominando a la serpiente,

o mariposa que decora

los cables que ensucian

un cielo de falsas señales.

Le da vértigo el mundo

que aún no conoce

y la tierra que late bajo el asfalto.

La deslumbra el latente temblor

del futuro por caer,

el cordón que no se desata,

la línea que no tiembla.

¿En qué piensa la niña

que habita ese temblor

que no hiere?

No en heridas futuras,

no en el fin del cordón.

Plenitud

Tengo la edad

Ana Belén Jara

Tengo la edad

de los perros,

cada año

me pesa por 7,

y se me hunde en la frente

una runa antigua

que hace de honda

para la guerra.

Cada día

mis ojos

se caen en el peso

de las bolsas de té

que heredé de la madre

del tedio,

y yo me pregunto:

¿me haré árbol

o animal?,

De todo cuanto fue

Plenitud

¿temeré a la sombra

o me ocultaré del sol?

Todos los surcos

de este viaje

me saben a

la hierba fresca

que dejé atrás

cuando, casi por herencia,

salí a rebuscar

en la parte herida.

Pero tengo la edad

de los perros,

cada año

lo vivo

7 veces.

Y 7 son las veces

que miro

hacia atrás.

Congelar su paso

L.H.R.

Jamás pedí metamorfosis.

Prefiero ser brote, suelo virgen;

prefiero ser cordero, vida simple.

Jamás pedí un cambio de velas,

ni un calendario sobre el que hojas pasar.

No pedí que pétalos me arrancaran

por cerciorarse de su amar,

ni pedí que colgasen mi carne

a la espera de curar, por sazonar.

Evito un pájaro de negra pluma

que mi ala con sus ojos sigue,

y cuando su pico sobresale entre la bruma

vuelo a recuerdos de pupa.

El tiempo que no soy

Estefanía Soto

Hoy tampoco he conocido la calma.

Una arruga nueva acarició mi estado de ánimo

y a mi pelo también le pasó factura el día.

Hoy tampoco he resuelto el misterio

de un futuro abrumador

para esta juventud a la que pertenezco

y, sin mucho aliento, me acuesto derrotada

sin quedarme dormida.

Hoy enseguida abrí un ojo y vi oscuro el día,

sin ser del todo pesimista,

pero a mi almohada le costó conciliar

el sueño y a mí, quedarme tranquila.

Me sigue asustando el vértice del tiempo

entre lo que sueño y hago, desperdiciar los días

a pesar de haber cumplido las expectativas

de todos, a pesar de haber cumplido, sobre todo, años.

Que más que metas son, a mi manera, poemas.

Cementerio

Paula Obeso

Mi mamá tenía una colección de crucecitas. Guardaba una por cada pariente o amigo cercano que se le moría. Ella misma las hacía con unos alambritos de metal que retorcía para un lado y para el otro con ayuda de una pinza especial; a veces les metía piedritas y hasta trocitos de madera.

Unas tenían el tronco en espiral y recordaban al cuerpo de una lombricita muy tiesa; otras eran tan hermosas y delicadas que parecían joyas caras, y otras le quedaban más bien feítas y se veía que las había hecho de mala gana.

Siempre les escogía un color particular, dependiendo de la edad y la personalidad del fallecido. Nunca lo reconoció, porque según ella «todas las almas son santas», pero el tamaño de la crucecita era inversamente proporcional a cuánto quería al muerto. Así, la cruz de mi hermano era pequeñita y delicada como una estrellita de oro, mientras que la de mi tío abuelo era burda y desproporcionada, con un brazo más largo que el otro.

Después de la misa correspondiente, llegábamos a la casa y mi mamá se encerraba a hacer la crucecita del muerto en cuestión, lo cual le tomaba algunas horas o, en algunos casos, hasta varios días. Luego, la ponía en una cadena y se la colgaba al cuello durante noventa días seguidos. Pasado este tiempo, mi mamá depositaba dicha crucecita en un baúl negro recubierto de terciopelo púrpura, y nunca más la volvía a sacar.

En la casa nunca entendimos el porqué de ese ritual tan raro y como medio tétrico, ni supimos cuándo empezó. Siempre nos reíamos diciendo que lo que mi mamá tenía ahí era un cementerio portátil, y que hasta espantos debía tener esa vaina. A mi mamá esas charlas no le hacían ni cinco de gracia; nos decía que ese era un tema muy serio, sagrado incluso, y que con la muerte no se juega.

Al día de su muerte, el baúl contaba con 23 crucecitas de todos los tamaños y colores. Le pregunté a mi papá que qué hacíamos con las benditas crucecitas, y él, que es un tipo muy práctico, me dijo que las metiéramos con sus cenizas. A mí me pareció como triste eso, la verdad, tanto trabajo para terminar ahí todo revuelto. Así que decidí quedarme yo con el baúl de las crucecitas y seguir el ritual de mi mamá.

Por supuesto, he tenido que aprender a hacer crucecitas sin que nadie me enseñe (a mi mamá nunca le pregunté), y la primera que hice fue la de ella, que tristemente me quedó medio chueca y mucho más grande de lo que habría querido.

A veces, cuando me despierto por la noche, siento como unas vocecitas que vienen del baúl, y escucho música y hasta risas, y me imagino que es mi mamá conversando y pasando bueno con sus muertos ahí adentro. Y en los momentos de mayor silencio, si pongo mucha, pero mucha atención, casi la escucho contándome qué ha sido de la gente allá en el cementerio, y explicándome cómo hacer para que me queden más lindas las benditas crucecitas.

Sol

Andrea Crigna

Fotografié con mis párpados lo que fue un último respiro:

fue como aventarme al abismo mientras contenía la

respiración.

De pronto, todo se detuvo.

«Estoy vivo», pensé.

Pudo ser una carretera atravesando la montaña más hermosa.

Una hoja retumbando contra el mundo.

Una luz que se apaga.

Una voz.

Pero era solo yo, mirando al sol,

yaciendo frente a lo eterno,

a lo más común de los días que tenemos por delante.

Era solo yo, de nuevo,

aterrado por este segundo;

existiendo,

conteniendo el tiempo,

como si se escapara una vez más de mí.

Así pasarán los años, la vida misma,

sumido a la distancia de la estrella,

retornando a mi condición humana

cada vez que me eché ante la luz.

Recordaré, entonces,

el instante que soy ahora.

Lo insignificante, lo obsoleto.

El trágico destino de dejar algún día

todo lo que fui.

Plenitud

Biografía de lo hecho

Estefanía Soto

Creía que sería más fácil llegar a los treinta,
que tendría el paraguas seco y las amapolas
se habrían refugiado de cualquier temporal.

No me dio tiempo a empaparme de mayos,
y mi duda desatendida se convirtió en huracán.

Espera la prisa.

Mañana ya es un pasado lejano,
y las fotos se empañaron de nostalgia del Sur.

Con el doble cumplido, lo será del todo
cuando escuche mi biografía
y todo me parezca ajeno.

Siempre habrá merecido la pena y el paseo.

Segundas nupcias

Coti Molina

—Hubiese preferido seguir durmiendo, aunque el sueño no iba siendo más que un delirio colosal, un profundísimo delirio nacido de quién sabe qué recóndito suburbio de mi mente. Nos despertó el perro del vecino; lo sé porque, en unos segundos, tuve a los nenes encima mío pidiendo que me levante a hacerles el desayuno, porque papá se había ido a trabajar.

En el sueño «papá» tampoco estaba, pero estaba ella: radiante, con la misma apariencia de niña que tuvo hasta el día de su muerte, a los veinticuatro años; tal vez un poco más madura, con andar y hablar más sereno, pero con su inconfundible sonrisa tatuada en los labios finos.

En el sueño, el marido y papá de los niños había muerto. La llegada de ella era, en días tan sombríos y pesarosos, como un elixir del olvido. La alegría de verla ponía bajo la alfombra la tristeza por la ausencia del compañero perdido. Se sorprende ahora de la naturalidad con que vivió su llegada en el sueño, parecía que allí no tenía consciencia del hecho concreto e irrefutable de su muerte, como si se hubiera modificado el pasado y su recuerdo para naturalizar o, más bien, quitar extrañeza al reencuentro.

Ella volvía de un larguísimo viaje, aunque omitido en todo momento. La charla amena, las risas estrepitosas, las remembranzas de aquellos años mozos se sucedían en un espacio plagado de luz, donde siempre parecía de día. En el sueño, ellas sabían que el tiempo había pasado, a pesar de que sus ojos se viesen mutuamente igual que veinte años atrás. No se iba a ir; ambas lo sabían. El duelo por el compañero muerto terminó, no rápido —en ese tiempo onírico cada minuto abarcó meses—, y llegó el día de la propuesta.

«No tengo ganas de empezar de nuevo con nadie, no quiero ni puedo empezar de cero a conocer a alguien a esta altura de mi vida. ¿Y si nos casamos?». Carcajadas. «Te aviso que yo quiero de blanco». Carcajadas. «Iglesia y las dos de blanco». Carcajadas. «Ni en pedo: templo budista o nada». Carcajadas.

En el sueño, se vio junto a ella en plenos preparativos, corriendo entre una marea de parientes solícitos, subiendo al 505 bordó de su padre y entrando a una iglesia semivacía y casi a oscuras, donde solo resplandecían el altar y ella.

La imagen no parecía de este mundo; el resplandor del inmaculado vestido, la escena idílica que se asemejaba a un cuadro hiperrealista o al final de una película hollywoodense. El vuelo de la falda y la cola, agitadas por un viento suave al ras del piso, simulaban la levitación de la novia y la asemejan aún más a un ángel. Sin embargo, nada, absolutamente nada de lo que veía, la hizo dudar de la veracidad de los sucesos.

La corta ceremonia, el suave beso en los labios cálidos, acompañado de los aplausos, la necesaria carcajada y el abrazo.

El abrazo tan familiar, tan conocido, tan vívido. Tanto que hasta percibió real el roce entre su oreja izquierda y la de ella. Tan real hasta en la medida del abrazo, la circunferencia exacta que formaban sus brazos alrededor de la cintura de ella, de ella y su esencia intacta, veinte años después. Al caminar por el pasillo, rumbo a la salida, un coro de mujeres entonó una conocida melodía sin tiempo, y la calle, al traspasar la puerta, se volvió salón de fiestas.

De la fiesta no recordó nada, salvo el vals ridículamente bailado, plagado de risas y ajeno a todo pudor, y es que era como si nadie estuviese allí, imposible sentir vergüenza en ese momento.

La soñadora no recuerda cómo pasaron del vals a la puerta de la casa, donde ambas sabían que vivirían el resto de sus días.

Los niños registran la casa de dos pisos, con el entusiasmo y la curiosidad de quien descubre de pronto un tesoro, hasta entonces oculto. Ellas también recorren de la mano la casa y reparan en el cuarto principal, en la planta alta, cuyas ventanas amplias dan a la calle. La luz se corta y el perro del vecino ladra estrepitosamente. Los ladridos se acercan cada vez más, hasta que ven sus fauces furiosas chocándose contra la ventana. Llora y ladra a la vez. Ellas discuten sobre la conveniencia de abrir o no la ventana. ¿Y si las ataca? ¿Y si no le abrimos y se cae? Si pudo subir hasta allí solo, también debe poder bajar. ¿Pero cómo? «Escondete, por si acaso», dice la soñadora mientras baja la manija que destrabará la ventana.

El perro salta hacia adentro y siente el sacudón y los dientes sobre sí. Ahora, despierta, piensa que no debería haber abierto.

—Lloré todo el día. Evidentemente, el perro era un mal presagio. Si tan sólo hubiésemos seguido recorriendo la casa, ella aún estaría allí. Lo sé.

—Quizás el sueño representa el tipo de relación que tenían. Vos siempre cuidándola, acompañándola, cumpliéndole sus caprichos. Ella riéndose de todo como mecanismo de defensa. Lo raro es que te siga causando tanta angustia. ¿Habrá tal vez un deseo reprimido?

—¿Qué quiere decir, doc? Está meando fuera del tarro. El único deseo, y no reprimido, es que ella esté acá ahora. Imaginaba que iba a estar siempre y eso no pasó.

—El «siempre» no se define por la cantidad de tiempo. Insisto, todo lo que ella vivió entre nosotros lo vivió con vos a su lado, mitad como amiga, mitad como tu hermanita o «hija adoptiva». Estuviste siempre para ella y viceversa; se hicieron bien el tiempo que estuvieron juntas. Lo que no entiendo es qué te angustia tanto, veinte años después.

—El perro, doctora, el maldito perro del vecino que me volvió a la realidad.

Veintidós

Miguel Gómez Castro

Te dejé marchar, te solté la mano,
aparté tu rostro de mi espejo,
creció mi pelo, te olvidé descalzo,
ahogué tu luz bajo mi velo.

Siempre marcho, siempre duelo,
esto escribo en estos planos,
que sin ser niño, sin ser abuelo,
dejo rastro entre estos llanos.

Fui tanto. Fui canalla, fui santo,
fui el peor y fui el más bueno,
fui un cobarde, fui un milagro,
he sido todo, a ser sincero.

Te dejé marchar, te maté al vuelo,
apagué tu llama con mi llanto,

regué tu resto, te busqué luego,

y no encontré más que tu charco.

Siempre dejo, siempre salvo,

esto planto en este huerto,

que sin ser hoja, sin ser tallo,

espero oírte hablar de nuevo.

Fui tanto. Fui galán, fui embustero,

fui un señor y fui un gusano,

fui mal hombre, fui caballero,

he sido todo, a ser sincero.

Kenopsia

L.H.R.

De mis labios, papel rasgado,

nacen canciones que nadie canta, y

de mi mirada, joya oxidada,

nacen visiones que nadie ve.

De porcelana y vidrio, sorbos efímeros

que de la taza fondo sugieren, y

de café ferviente, a tibio, a helado,

donde el azúcar sin remover quedó.

De entre mis dedos, testigos de pasajes,

me arrebatan mi anodina alma, y

de mi corazón, bizarro superviviente,

me arrebatan de guerra victorias.

No quedan de canciones acordes,

ni de visiones, espectadores presentes;

no queda bebida para entretenerme

mientras la vida se me lleva el viento.

Ambliopía

Valentina Pardo

Estás frente a mí y las miras,

estoy frente a ti y te miro,

las estrellas titilan

y te miro

y tú las miras.

Estamos vivos, ¿no?

Están vivas, ¿no?

Y arriba, las estrellas,

la luna, y la oscuridad

no nos miran.

No nos miran más ya.

Plenitud

Noventa

Elisenda Romano

Noventa,

noventa pasos buenos

hacia un manjar

que llene esta boca

y la cierre callando.

Noventa latidos.

Noventa

solo.

Y cuando haya ojos para mirar,

se tumbe en mi ventana

un pájaro,

como un latido de sol

que abra su pecho

para cantar mi adiós.

De todo cuanto fue

Promesa y premisa de muerte y de vida

Diego Mattarucco

La vida,

promesa de muerte.

La muerte,

promesa de vida.

Plenitud

En esa promesa,

de vida y de muerte,

encuentra el total

su premisa.

¿Cómo será?
Coti Molina

¿Cómo tocar la lengua de los años con los dedos mutilados?

¿Cómo celebrar el *cuerpo* cuando nos consume la sombra

[de una *imagen*?

¿Cómo trepar a los techos con las emociones extraviadas?

¿Cómo acariciar la ternura con el tiempo *agonizante* de tanto buscar lo rígido en las horas que nos matan?

¿Cómo será la *muerte* cuando nos olvidemos hasta

[de nosotros mismos?

¿Cómo bailarán las mariposas cuando ni la noche las vea?

Ser

Aurora Hernández

El ser es lo que son las flores, es el sol, es la luna, es el viento.

El ser es porque nació, está y se irá. El ser no puede ser porque quieres que sea. El ser es porque vive. El ser es porque convive. El ser es porque se tiene. Y el ser es porque contiene. No pidas al ser que sea. No quieras que el ser sea. Querer, forzar, es silencio y quietud. El ansia de obligar al ser es destrucción. El empuje de obligar a emitir es romper. Lo que está, es. No puede haber algo que no sea. Todo lo que tiene que estar, está. Lo que no es ni debe estar, no aparecerá. Lo que existe tiene la amplitud que es y a la que puede llegar. A lo que no se puede llegar, no se alcanzará, porque no es. Lo que es será, fue y es. Quien es, está, y lo que está, es.

El ser son las flores, es el sol, es la luna, es el viento. Si es y son, soy y eres. Y por encima de todo, fuimos, somos y seremos.

Qué quieren la muerte y la vida

Diego Mattarucco

La muerte constante

queremos distante.

Queremos distinta la vida.

Mis ansias me quieren

repleto de instancias,

de instantes repletos de vida.

Qué dice mi instinto

de cualquier instancia e instante.

Que es muerte y es vida.

Constancia,

constancia de vida es la muerte.

Constancia de muerte es la vida.

Nos quieren,

De todo cuanto fue

Plenitud

nos quieren la vida y la muerte

en la afluencia de sus influencias.

Nos quiere la esencia

surcando tendencias,

cadencias de muerte y de vida.

Nos quiere el instante

naciente y muriente,

su instinto de muerte y de vida.

Nos quiere el instante.

Nos quiere totales.

Nos quiere bien muertos

de vida.

No hiere,

no hiere la vida a la muerte.

No hiere la muerte a la vida.

Se adhiere,

se adhiere la vida a la muerte.

Se adhiere la muerte a la vida.

Nos quieren,

nos quieren la vida y la muerte.

Nos quieren aquí,

en el eres.

En todos los seres,

en todas las eras.

Las eres.

La muerte y la vida.

Huellas de un árbol inextinto

Dany Perag

El suspiro de los sueños dormidos me eriza la piel y me ataca la existencia una vez más, si es que apenas existo ya.

Fantasma 1:

Ella no era más que una silueta borrosa de lo que fue aquí en la Tierra. ¿Cómo la recuerdo? La recuerdo alta, esbelta, pelo largo y rojizo, de carácter, firme, con dos hoyuelos en la cara que se formaban a cada sonrisa. No, error mío. La recuerdo bajita, encorvada por el peso de la vida, con talones secos de no usarse. Un pañuelo escondía la inevitable alopecia que hacía poco desfiguraba un pelo rojo, mas no abundante, ni largo. Eso sí, el tiempo no le doblegó el carácter ni le melló la sonrisa. Solo la muerte acalló su dura palabra y su mano callosa de tanto trabajar. Machete en mano, enfrentaba la mala hierba, mientras la perra ladraba desaforada. Mujer de campo, creyente en todo lo que a un dios semejara; la Virgen le dio nombre, y Changó le dio beso, abrazo y el milagro en par que alimentó en sus brazos bendecidos. ¡Qué tristes esos pies deshechos en la cama que tan incrustados en mí se han quedado por la eternidad!

Fantasma 2:

Boca dura, corazón blando, tiernas manos, siempre dormidas, siempre prestas a la caricia. El segundo fantasma fue en la Tierra contadora eterna de historias sobre juventudes ya pasadas. Fue la consentidora principal de la familia y, sobre todo, de los niños. Siempre preocupada, tan a su manera, por tres niños ajenos de una hermana que compartió su espacio en el vientre materno. No tuvo descendencia propia, pero ellos eran sus hijos de sangre, de lágrimas, de verdad. La fragilidad de la salud la acompañó desde la cuna hasta la tumba, pero el carácter jamás le flaqueó. El pelo naturalmente rizado o, a veces, artificialmente alisado, siempre iba corto. La nariz respingada y fina, de complexión delgada, con el talle de quien acecha a la vida. ¡Qué tristes los ojos cansados, tan temerosos de la mirada familiar, a la hora de la partida!

Fantasma 3:

Ahí está él, un fantasma tercero que fue hombre en esta tierra, con rostro de mambí y el tamaño de una palma real. Siempre viajero, en la soledad de un Camagüey que lo llevaba por puertos y barcos, era un joven dolido que escondía los pesares familiares tras dos fuertes piernas para caminar, correr, trabajar. No tenía las características de su estirpe ascendiente: para él, primero la familia, segundo la familia, tercero la familia, y luego, él. Pudo tener muchas aventuras, pero en su cama solo una mujer reinó. Le faltaban letras suaves a su abecedario, pero nunca el beso y el abrazo a su paso. Se plantaba frente a la casa y voceaba —alto y claro— el nombre de la adorada descendencia, y la descendencia de su descendencia, y la nariz aguileña quedaba escondida tras una gorra española. ¡Qué triste la mano que se quedó sin sostener a la hija querida una última vez! ¡Qué triste la despedida que tan pendiente se quedó!

La muerte se sirvió de una copa tan llena que nos dejó vacíos. Pero lo sabemos: aquí siguen esas tres almas fértiles, como retoños de la tierra que fueron y que seremos todos. Un día estaremos más cerca, lo prometo. Pero es difícil alejarse de quienes van escondidos entre los propios huesos, entre las propias raíces.

Existencialismo

Jotaerrecé

El tiempo es un sicario,

tiene mala puntería,

pero algún día

acabará acertando.

La vida me da un ultimátum:

ser víctima de las circunstancias

o responsable de mis actos.

Miro por la ventana,

busco una señal

para pegar un salto

y aprender a volar,

llegar muy alto,

transitar otra realidad,

o dejarme caer

arrastrada por la inercia,

acabar en el asfalto.

De todo cuanto fue

Escapar del destino

o enfrentarse al sino,

¿el final no será siempre el mismo?

Plenitud

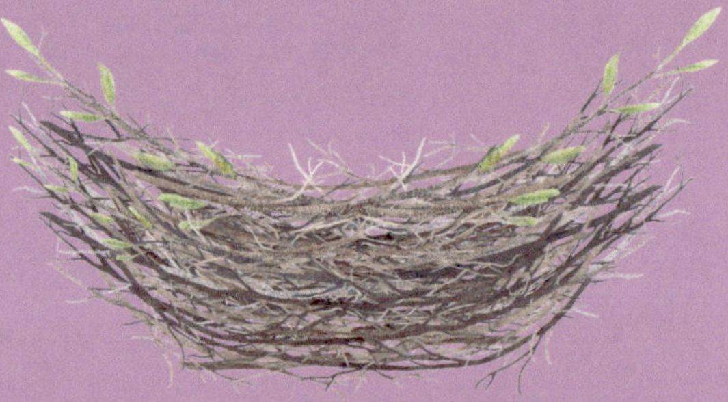

Agonía

Porque te fuiste de gira

Coti Molina

Cuando veo arder el mundo,

envidio a la piedra que no siente,

que no ve las horas pasar,

que no vive, que no muere,

que no le pesa el ayer

ni le abruma el mañana.

Pero más a vos te envidio,

porque te fuiste de gira

por un cosmos desdentado

en un avión sin horarios ni fechas.

Y ya no gastás los zapatos

ni esperás rabiosa las paritarias,

y no te quita el sueño el Congreso

ni las cuotas que se acumulan.

De todo cuanto fue

Y los monstruos ya no te saludan,

                sonriendo en la pantalla,

ni te abruman los calendarios,

ni las formas te definen,

y tus ojos ya no me ven buscarte

en cada sombra del hogar   que fuimos.

Agonía

Desmonte

Dorita Páez Giménez

No quiero volver al pueblo

ahora que no estás.

Elijo el asfalto helado

y el sombrío camino a casa,

meditando sola y memoriosa,

deseosa del descanso

y de un sueño

que me arroje livianamente

al nuevo día.

No quiero volver al pueblo

desde que marqué tu número

para preguntarte

cosas pueriles

que ahora la muerte

y su sagrado halo

convierten en gloriosas.

Nadie habla

De todo cuanto fue

Agonía

de que tuve

el impulso premonitorio de volverme

la última llamada entrante de tu celular

en el preciso instante

en que tu corazón decidió

obstruir su retroalimentación,

permitiendo que el mundo

y sus angustias

paralizaran el movimiento

de tus placas tectónicas.

No quiero volver al pueblo

si no es a desfallecer

en tu patio inmenso,

a mezclarme con los colores

de tus tejidos,

a llorarte con tu perra

en un silencio animal.

A llorar porque este

catastrófico desmonte

dejó a mi pueblo sin sus robles

y a merced de un sol

que carboniza.

Ya no hay agua,

solo salitre.

Sin los robles

no existe

el resguardo de la sombra.

Sin los robles

hasta las aves

conocen el tormento

de la orfandad.

Frustra

Miguel López Pardo

Resisto en este momento al grito sordo de mí mismo.

Entre los balcones de la calle

se enciende mi vida,

que no se inmuta de la belleza que empuja esta luz,

por más que ella se presente,

como siempre,

implacable y mordiente,

audaz, verdadera.

Veo claro el color, la mugre, el viento, los días.

Veo claro cómo corre todo tan deprisa

que no es capaz de frenarse.

Veo claro el tira y afloja de los seres mordientes,

de las cadenas invisibles que arrastra el gentío.

Ya no sé si veo o si vivo, o si creo o si miro.

Frustra el atardecer.

Frustra verlo perderse entre las tejas de aquella casa

Agonía

que quiso acogerlo en un momento, para siempre,

pero que ahora alberga un techo de oscuridad.

Frustra verlo desprenderse de nosotros,

sin permiso,

dando paso al ocaso evidente.

El frío acoge los andares recorridos que ha dejado su estela.

El telón se está bajando,

todo toma un tinte adormecido.

Ahora frustra anochecer.

Frustra no ver nada más que la luna callejera

que refleja su mirada en todos nosotros

y nos vuelve viejos y locos, cada vez más errantes.

Frustra perderse entre las sendas de paso,

entre los rubios portales teñidos por el día

que en algún momento fueron oro de grandeza,

y que ahora son simplemente pasajero tránsito de todos

                                                                          nosotros.

Agonía

¿Quién habita este aire perdido?

¿Quién perdió su cabeza escuchando el ruido?

¿Quién ha reído, quién ha llorado?

¿Quién ama y odia y no permite un halago?

¿Quién ha querido romperse entero

para frenar sin suerte al miedo arquero?

¿Quién es capaz de ser y no de estar

cuando en esos pilares,

protectores del ego,

no permiten temores

los enormes cimientos?

Laguna del sentir

Pablo Alejos Flores

El vivir es para mí un lago absurdo —muy tintero, muy remoto, muy poco latir en la secular esfera que rodea al ser— que no cabe ni en la natura de los afectos.

Me parece profunda el agua porque de ella nacen estos sentimientos aquellos, posiblemente innatos, posiblemente ajenos, posiblemente, muy posiblemente, fatuos.

Pero, ¿y la muerte? La muerte es el reflejo, claro, aunque volátil por las ondas de tiempo que la prosiguen, acompañan y reviven; la muerte es lo que fui y he olvidado, yerto sobre la cumbre del seré, indefectible. La muerte es más de lo que puedo; es, al igual que la vida, la incomprensión y los falsos intentos de saberla tan humanizada y poco, poco racional —la humanidad arrebatándose el sentir tras la búsqueda de un tesoro ya sentido—.

«¿Qué es poseer? No lo sabemos. ¿Cómo querer entonces querer poseer cualquier cosa? Dirán que no sabemos qué es la vida, y vivimos… ¿Pero vivimos realmente? ¿Vivir sin saber qué es la vida será vivir?».

Bernardo Soares

———

Cita tomada de:

Pessoa, F. (2023). *Livro do desassossego.* (Trad. P. A. Flores). Todavia.

Temor

Kervin Briceño Álvarez

Alejada del resto,
        se perfila una flor sin destino.
En su corta existencia,
        fuertes calamidades la azotan.
Ha sido víctima de violación,
        la sobrevuela una abeja.
De la indolencia,
        la escupe la lluvia.
De la desidia,
        la pisa una bota negra.
De la miseria,
        nada ni nadie sufre por ella.

En la mirada hecha agua

Pablo Alejos Flores

ya todo acabó

e incluso acabó es poco

todo nunca existió pues

fue mucho el aprecio por nada

y tan minúsculo

el cariño por

mí

cuando la vida yo tuve

la vida no quiso tenerme

mi amor fue olvidado

mi sentir

ya no lo sé

¿habré cambiado al final?

habré cambiado

cuando

esta vida sea

fui

De todo cuanto fue

Eres polvo

Raúl Carreras

Que la vida es un baldío
donde vagan las ausencias.
Que la muerte es el destino
que impasible nos espera.

Que la carne es el vestigio
de cenizas que modelan
en los lúgubres sepulcros
las marmóreas canéforas.

Que las flores en las tumbas
son estambres de tristezas
que germinan en los sueños
pereciendo en la entelequia.

Que en la génesis fui barro
y en el término soy ciénaga.
Que las lágrimas son lluvia
sobre el polvo de la tierra.

Agonía

La casa de los abuelos

Estefanía Soto

¿Cómo se llama a la ausencia cuando
no tiene nombre de persona?
La que está en las paredes, desprovistas
ya de fotos, azulejos que tuvieron
vidas escondidas tras estos muros de cristal.
Una barra esculpida en mitad del salón
y que hizo las veces de bar.

¿Cómo se llama a la ausencia convertida
en recuerdo cuando nunca más será ya
la casa de los abuelos?

Al doblar la esquina

Enrique Morte

Los segundos truenan en mi cabeza

alrededor de un silencio,

el estertor de la muerte

se me cuela por los poros,

destierra a la herida de su cicatriz

mientras el dulce sabor de la venganza

me atraviesa la garganta

y no me deja respirar.

Se ha vuelto vacío el tiempo

a la par que su eternidad

se regocija en la memoria.

Guardo por siempre tu sonrisa

en un altar

y a ella rezo que termine

con estas ganas de destruir

que amenazan con destruirme.

Agonía

Siempre apelé a la justicia de Dios,

pero ¿qué hay de justo

en que un alma abandone el mundo

antes de tiempo

y deje huérfanos a un padre

y una madre

que se cambiarían sin dudarlo

por darle solo un día más

bajo este sol que no calienta?

Ya perdida la esperanza,

duele el cielo cuando sé

que ya nunca te veré

al doblar la esquina.

La gárgola intangible

Isabel Ojeda

Esa fantástica forma es como una chimenea.

La gárgola intangible vió mis años concentrados
en la ceniza; lanzada a lo marítimo
(tragadas por una medusa).

Esa mitología me hace cantar sobre la muerte;
«su intención es un paniquiado acercamiento».

Es una ahuyentadora poco agraciada
para los que se aprovechan con belleza.

La gárgola me está soplando
en sentido opuesto al nacimiento.

Terraza fosca

Pablo Alejos Flores

Cómo habrá de sentirse ya no estando ni pudiendo estar. Ya no solo es esclavo del poco tiempo que le espera al acabarse los días, sino también del cuerpo inhóspito que va sacándole de sí como si fuera el orgulloso dueño de una vida que va volviéndose diminuto candil.

Cómo ha de sentirme ya no estando ni pudiendo estar, abuelo, si cruzábamos apenas unos saludos y unos gestos, si hablábamos más estando cada uno solitario.

Ya es improbable, el recuerdo que de nosotros tuvo no será más. Ha muerto una realidad, una forma de ver el mundo, qué rabia habrá de sentir ahora que solo vive en nosotros. Imagino sus desacuerdos y contradicciones, pues los vivos siempre se apoderan de las vidas ausentes, y por más que permanezca en nuestra memoria, odiará escuchar que se nos olvidan los detalles, las palabras, las expresiones, las arrugas, las miradas, los enojos, los sentimientos.

Para cuando se apaguen estas velas, se habrá ido su realidad y con ella su propia vida, realidad que no podremos conocer, porque se marchó con usted, con quien debía.

El último epitafio

Estefanía Soto

Es martes y has escogido un mal día para irte,

aunque reconozco que esto aplicaría

a cualquier concepción del tiempo

presente;

como tu olor en todas partes,

como la ropa que sigue esperando

a ser otra cosa, de otra persona,

se arruga —no sólo ella—

mi memoria,

que se convierte en daga

desafiando otros tiempos verbales.

La mesita que sostiene la oscuridad de la noche,

un teléfono que sigue sonando de pésames,

un vaso de agua último que se evapora,

una libreta y varias fotos nuestras;

este plural también será vaso de agua algún día,

el libro sigue esperando

que continúes la trama del espía,

el billete de tren del año pasado aguarda

en la página cuarenta y ocho,

profecía de tu último epitafio,

tus años,

y ahora te estás convirtiendo

en lo que limpiábamos los sábados,

esta casa sigue albergando

oxígeno

y tú ya no tienes nada de ti vivo,

voy a abrir las ventanas,

pero solo para tomar aire,

te lo he prometido,

no voy a lanzarme al vacío contigo,

pero espérame

y guárdame un sitio en ese abismo.

Gelatina de piña

Andrea Crigna

Han cantado bastante los pájaros por hoy: los picos abriendo y cerrando la vida que hay dentro de los pequeños cuerpos insignificantes, concluyendo historias que me cansé de inventar. Han subido y bajado de la vereda a la reja de la casa celeste, de entre las ramas del árbol frente al cuarto, desde los matorrales hacia las flores secas. Picotean, van, vienen, suben, dan pequeños saltos, una y otra vez. Alguna vez hubo rosas por ahí, seguramente.

El mismo bus de siempre espera estacionado a que todos los jardineros municipales terminen su jornada en el parque para retornarlos al local común. Municipalidad de San Isidro, se lee enorme y despintado. La mayoría de ellos almuerza allí recién, otros se ríen parados, y unos pocos miran por sus pequeñas ventanas. Una visión inmensa a la espera del arranque del motor.

Es precisamente este momento en el que me hundo en el tiempo, este presente cuajado de sonidos exteriores, risas y carros lejanos. Perdí la cuenta de todo este tiempo aquí, en este cuarto, este asilo y este cuerpo. Ya pronto traerán la cena: un par de cubiertos de plástico y la insípida gelatina que últimamente llega descolorida. Hoy debe tocar de piña.

Veo esta luz que anuncia un pronto atardecer entrando por mi cuarto, mis muslos, dedos y codos. Recuerdo haber sido alguna vez esa hoja verde que aparece nueva en el fresno, reluciente y efímera. Hoy me pierdo en mi reflejo de la ventana, una sombra que aparece entre la luz naranja de la tarde. Día tras día, me callo mirando los pequeños brincos de las aves amarillas. Ingenuas ellas.

Pronto volarán lejos, pero me temo que yo ya no estaré aquí.

A dos almas puras

Enrique Morte

Dicen que es tiempo de decir adiós

y no lo creo,

pues cómo decir adiós

cuando seguís tan presentes

en lo más profundo de nuestros recuerdos,

cómo decir adiós

si viviréis por siempre en estas letras

y en mi pecho,

y en el pecho de todos los presentes,

aquellos para quienes habéis sido un regalo,

el tiempo que os hemos podido disfrutar.

Y es que no sabéis la envidia y la alegría

que me daba al mismo tiempo

veros pasear agarraditos de las manos,

con la sonrisa al viento, bien radiante,

y esa cómplice mirada

que entre vosotros compartíais,

poco más se necesita

para el buen entendedor.

Y es que eran tan grandes vuestros corazones

y tan puro vuestro amor

que no os podéis hacer una idea

de nuestra suerte por haberos conocido,

por haber coincidido con vosotros

en esta vida

que muchas veces da

mucho menos de lo que nos quita.

Pero no puede esta vida

hacer reclamo del olvido

a dos ángeles que brillan

con la luz del mediodía

en nuestro ya de por sí

majestuoso cielo.

Si ya solo por eso

De todo cuanto fue

decir adiós no es conveniente,

quizás un hasta pronto, un hasta luego,

un nos volveremos a encontrar

cuando menos lo esperéis

en los momentos que recordaremos

para siempre.

Ya estáis juntos de nuevo

en la inmensidad del viento

y en las verdes aguas del mar,

compartiendo risas,

compartiendo sueños,

compartiendo con nosotros

vuestra absoluta felicidad...

Y es que la magia que vive en un *te quiero*

solo en vosotros la pude encontrar.

Sed felices, os quiero.

Cláusula explícita

Celic Rosas

Una cualidad del ser humano.
Un adjetivo decisivo, concluyente:
mortal.
Aquel que está sujeto a la finitud,
un destino compartido.

Un hurto consensuado.
Implacable, inmoderado.
El sustantivo *muerte* y su
efecto dominó sembrando
ausencias.

Una línea delgada.
Una condición de moribundo
constante.
Siempre próximo
a un inesperado apagón,

De todo cuanto fue

a un milagroso *a punto de*,

a una hora inminente.

Un péndulo (im)predecible y

su movimiento armónico,

de extremo a extremo.

Lento en apariencia,

rapaz de cerca.

Y las manos que vendan los ojos.

Las manos que hacen el nudo

y la barranca a lo lejos.

La vida y su imposibilidad.

Una vida mortífera.

Ahora, la lluvia

Enrique Morte

Nunca mi corazón

sintió más miedo que contigo,

tal vez fue el destino

buscando advertirme

del siguiente paso

que iba a dar,

pero nunca aprendí a leer

las señales del cielo,

y aquel ave de presa

atrapó en mi pecho otra vez

el dolor de tu partida.

Ahora la lluvia

cae desde todas partes,

y un cuervo desmenuza

las canciones de amor

que posee una noche silenciosa.

De todo cuanto fue

Agonía

Ahora escribo desde las sombras
de un dormitorio vacío
los poemas que te debo,
mientras un cigarrillo consume
ese hálito de vida
que queda en mis bolsillos.

Y nada hay que pueda hacer
salvo dejarte ir tranquilamente.

Nada hay que pueda hacer...
salvo morir contigo.

Epílogo

Celic Rosas

Un desenlace.

¿Quizá una desaparición?

Un fin.

Un ocaso.

Una partida.

No. Nunca una desaparición.

Siempre queda algo.

Un sedimento.

Un retrato,

aquel certificado infalible

de un antiguo presente

que exprimimos

hasta olvidar gestos

y palabras.

Un dejo en la boca,

un nombre que pronunciar,

un reflejo en la ventana,

un *de repente* en la memoria.

Pero nunca el tacto,

nunca el olor,

ya nunca sus ojos.

Agonía

Desencajados

Pablo Alejos Flores

Killachay

He ahí su nombre en el firmamento, dibujado en sombras por una vaga luz tenue; olvidado a la orilla de ríos de lloro, es él el hijo menor que mengua, que se cubre y, con una voz que no alcanzamos a oír, algún cuidado implora.

—¡Ma, Pa! —llamaba al despertar.

Pero ellos seguían durmiendo a su lado, sin dar respuesta alguna. Pellizcó la nariz de su padre, como de costumbre, y jaloneó los pelos de su madre, cuando ya no sabía qué más intentar. No pasaron muchos minutos para que decidiera dejar su aburrimiento en la cama y fuera a por sus juguetes; después de todo, jugar siempre le había servido de completa distracción de los problemas económicos y la carencia que usualmente abundaban en el hogar.

Por más que viviera internamente el ensueño más trágico y terrorífico, él lo superaba después de unos minutos, bien jugando, bien volviéndose a dormir.

Al cabo de una hora, vino al fin el hambre. Ma y Pa aún no dejaban la cama. Harto ya de intentar despertarlos, fue al comedor; encontró plátanos de isla, unos panes de piso que hicieron en casa y una media jarra de té de manzana, ya frío y sin fragancia. A pesar de ello, comió y bebió con gusto.

Terminó el desayuno; le tocaba lavar lo ensuciado. En cuanto colocaba un banco para poder alcanzar el lavadero, tocó tres veces la puerta la tía Elena. Killachay reconoció esos tres golpeteos característicos de su más querida tía, de su única tía, de hecho.

Lo primero que ella vio fue a su ternurita que le permitía entrar a casa.

—¡Tía Lena! Pase; los vagos de mis papás aún no se levantan. Yo ya comí. ¿Usted tiene hambre? Hay en la mesa. Me pondré a lavar. ¿Vino a hablar con Ma? ¿Quiere que la despierte? No sé qué más hacer, nada, no despierta...

Como de costumbre, él no se callaba, a menos que se lo pidieran o le interrumpieran, podría haber seguido preguntando y hablando hasta cansarse. Para alivio de todos nosotros, Elena intervino.

—No, sí y no. Yo iré a despertarla, pero primero te ayudo con tu tacita. No vaya a ser que te resbales del banco como el otro día —respondió Elena, apretándole los cachetes.

No le tomó mucho tiempo dar con un padre y una madre inánimes. Echó a llorar, más por el niño que por ellos. Y durante los siguientes días, amigos y vecinos lanzarían gritos al cielo, se arrodillarían, rezarían, contarían historias de tiempos alegres con lágrimas en los ojos; en fin, todos, menos él, que no entendía lo que pasaba.

Tamyay

Para él, por el contrario, el cielo era su patio, lleno de la más flamante diversión. Jugaba ahí arriba de noche y a veces de día. Se suspendía en el aire y a veces caía.

—¡Mamá! —llamaba Tamyay desde el jardín de la casa.

Recién llegaba del colegio. Antes de comenzar a gritar para que le abrieran la puerta, había buscado y rebuscado las llaves en su mochila y en sus bolsillos, pero solo encontraba lápices, cuadernos y algunos residuos de chucherías que siempre dejaba dentro.

Su madre, Elena, todavía no regresaba. Nosotros sabemos por qué, pero Tamyay aún no se enteraba de lo sucedido. Decidió entonces trepar por la parte trasera para poder descansar y comer tranquilo dentro de la casa, pues los días de nuestra pequeña lluvia eran siempre ¡largos! y retozones; debía recuperarse para más tarde salir de nuevo a jugar, como usualmente hacía.

A la hora del lonche, llegó Elena, sollozante, para llevarse a su hijo a casa de Killachay.

—Tienes que ir a acompañarlo, juega con él, distráelo un rato —ordenó la madre apurada.

Tamyay, que ya había experimentado la pérdida de un padre, se llenó de rabia, tormento, furia —por unos instantes pasó de *tamya* a *shukukuy*—. Después de haberle dado una breve paliza a la pared, se había calmado un tanto. «¡Esto no es justo! Yo al menos tengo a mamá conmigo». Luego, hipando, preparó rápidamente unos juguetes que ya no usaba para regalárselos a su primo. Escogió una serpiente de madera que podía arrastrarse como una de verdad y un tiranosaurio de plástico, ambos muy bien conservados.

—Toma, tú serás la culebra; me gusta más este dino —le dijo Killachay a Tamyay al recibir los obsequios.

Parecía estar de lo más infantil, ni le incomodaba la bulla de las personas que lloraban y velaban en su casa.

—Está bien, pero no me subestimes. ¡Aunque tú seas grande, yo podría devorarte! —respondió Tamyay, embistiendo la serpiente contra el dinosaurio.

La diferencia de siete años era totalmente irrelevante. Yo no he encontrado mayor dicha que verlos jugar juntos.

Pasaron así las horas y ambos se quedaron secos sobre el pasto de primavera que cubría el patio de la casa. Elena pidió que la ayudaran a cargarlos hasta la habitación de Killachay, donde los dejarían dormir.

Todos apoyaron la idea de que Elena y Tamyay cuidaran del niño por un tiempo; tiempo que se volvería constante y, desde esa noche, vivirían juntos. Crecerían bajo el mismo techo, en la misma casa de cimiento ya deteriorado.

Elena

Ni la felicidad ni la desdicha, ni la discordia ni la armonía son perennes. El tiempo corrió, huyendo, por un camino sin fin, con abismos a ambos lados; corrió de lo bueno y corrió de lo malo. Nunca se detuvo; todo el trayecto estuvo seguro de lo que vio, no dudó, no razonó. Su única decisión fue seguir avanzando, sea con botines o descalzo, sobre tierra firme o sobre charcos. Algunas veces pisó a alguien dormido en la cara, otras veces olvidó que a todos nosotros nos arrastraba cada vez más hacia la desgracia.

Así, cual familia «de lo más normal» —pues parece ser que ahora lo común es acostumbrarse a la pérdida—, Killachay, Tamyay y Elena convivieron en su rincón del mundo. Sufrieron los golpes que da la vida, pero también supieron disfrutar los placeres de la alegría.

Y como Tamyay nunca obtuvo una respuesta clara a la reflexión hecha hace muchos años —en su momento de enfado contra la miseria de su ahora hermano— se vio en graves problemas cuando Elena, la antorcha que hacía todo lo posible por ayudarlos y sacarlos adelante, se iba apagando poco a poco. Ella simplemente se aferraba a este mundo por los dos peques, pero la enfermedad es un mísero enemigo que desmorona familias, y ya eran bien conocedores los tres de esta verdad.

—¿Y ahora? —preguntó Killachay, que ya había soplado las velitas de su décimo cumpleaños.

—Ahora tenemos que atender a mamá, yo... yo voy a cocinar y a hacer otras cosas de la casa. Mamá tiene que descansar, como dijo don Carlos. Tú trata de no entrar al cuarto de ella; si lo vas a hacer, ¡ten cuidado! Ya nos dijeron que es mejor ser precavidos.

Fueron los primeros mandatos de Tamyay al asumir la responsabilidad del correcto funcionamiento del hogar. Aunque internamente sentía que se deshacía en lágrimas, sabía que llorar, bajo esas circunstancias, sería un lujo. Un lujo que se guardaba para cuando todo acabase. Prefirió esperar a llorar de júbilo en lugar de hacerlo ahora por desconsuelo.

—Hijo, escucha. Ahí en ese cajoncito... hay dinero. Sacas lo que necesitas para la comida, pregúntale a tu hermano qué quiere comer mañana. Don Carlos va a venir otra vez, lo haces pasar nomás. Cuida a tu hermanito, que no se preocupe, dile, ¿ya? —dijo Elena con pausas en el habla.

—Ya, mamá. Tú, tranquila. Voy a limpiar el comedor ahorita, vuelvo en un rato —respondió Tamyay, y salió de la habitación.

Mientras el hermano mayor limpiaba, el menor decidió ir a ver a su Mamita Lena antes de acostarse. Fue ahí cuando la oyó abatida y sollozando desde afuera, lo cual le sugirió un pensamiento lúgubre en todo el cuerpo, una especie de oscuro recuerdo. Al no poder sacar tales sombrías ideas de la cabeza, se alejó sin dar las buenas noches.

Al día siguiente, Killachay saltaría de la cama por culpa de una pesadilla. Fue corriendo al otro cuarto. Sin decir nada, irrumpió. Ella saltó levemente del susto, lo cual, de extraña manera, alivió al niño, que achinó los ojos y sonrió de tranquilidad. La madre lo abrazó con la fuerza que aún le restaba, y estuvieron así hasta que los corazones de ambos se suavizaron.

Pero el de ella se suavizó ¡tanto!... ¡tanto!, hasta evaporarse en una fina nube que abrazaría a la luna y mecería a la lluvia por la eternidad.

Seísmo de sábado

Fabio Descalzi

Amanece por la celosía.

Tahir entreabre los ojos, todavía rojizos. Se los frota con fruición.

Sabe que, dentro de un rato, le traen a Tomás. Precisa ese rato para volver en sí. De la resaca de sexo soez. Del grosero galope goloso.

Pero ese rato no es otra cosa que... la mañana después.

Impío vacío.

Se arrastra hasta la heladera. Un cubo de hielo en la frente. El agua helada chorreando en los ojos.

Listo. Me visto. Me alisto.

Justo a tiempo que toca a la puerta.

Abre.

—¡Papá! —se le abraza a la rodilla Tomás.

—Mañana a mediodía en la casa de mamá —dispone la voz de ella, sin mirar.

La puerta se cierra. La casa se llena. Hasta mañana se sabe quién es el dueño de casa. Llena, por fin.

La voz de Tomás le ocupa los pensamientos.

Mientras un cruel eco le retumba en el vacío del corazón.

Impío vacío.

El que queda tras la imperdonable traición al único amor que supo tener.

Pensar que fue hace tan poco... ¿Cuánto duró? Mejor ni pensarlo.

Tomás se arrodilla a jugar. Tahir se arrodilla al lado.

No se puede decir, o el machismo que lo domina se va a enterar: Tahir juega a rezar.

Tahir quiere rezar en serio. No es juego. Pero no le sale.

Sabe que tiene que aprender a pedir perdón. No es juego. Pero no le nace.

Sufre. Lo quisiera decir. Pero él es macho... ¿Aguanta?

Prófuga

Kervin Briceño Álvarez

Es tibia la noche,

poco o nada la despierta,

la atmósfera que la rodea es pesarosa,

llena, como siempre, de dolores acólitos.

Está y seguirá estando rota,

fragmentos del silencio desbordan su garganta,

le aflige el eco alrededor de las gentes,

siempre ella tan solitaria.

Celebra el aplauso que no puede escuchar,

un delicioso perfume de azucenas

la rodea y pregona cien plegarias.

¡Madre mía! ¡Oh gloria eterna!

Es y será una huida temerosa

hacia una muerte inevitablemente lenta.

Sabe que el ruido del viento la acecha

y su cuerpo blando se agota.

Agoniza su volcán imaginario,

lava caliente que se escurre

hasta que por fin se apaga

disipada por sí misma,

sobre la nada.

Se hizo prófuga del tiempo

frente a nuestras miradas.

¡Sopla la candela!

No hay ventisca que apague su llama

herida y perfumada.

De todo cuanto fue

Eppur si muove

Fabio Descalzi

Estoy huyendo y no puedo.

Estoy desesperado y no sé de qué.

El aire me falta, la garganta se me ahoga.

Siento que me fallan las fuerzas.

... eppur si muove

Dios mío, ¿por qué me has abandonado?

Mis afectos se fueron casi todos.

Solo me queda la esperanza de no fallarles a los que me quedan.

Me faltan las fuerzas, me falla el pulso.

... eppur si muove

La seda sigue siendo sedosa.

El color púrpura, como la sangre que me fluye.

La tersura de su piel, como un terciopelo delicado.

La fragancia natural, siempre atrayente.

Como el encanto de su don de gentes.

Me rechaza... me desespera...

... eppur si muove

Ajedrez

Denis Beuthner Moreno

«La muerte y la vida
me están
jugando al ajedrez»
(Gerardo Diego, 1951)

Negros recuerdos y blancos pesares
batallando en un cuadro de madera
sufren y sudan sin saber siquiera
que no controlan sus propios andares.

Se hacen pasar por peones vulgares,
por caballos, por reina carroñera.
A las torres resiste quien se esmera,
esquivando celadas singulares.

Y es un viejo tablero su escondrijo,
son finitas las jugadas que elijo,
sujetas a una irremediable suerte.
Sin ser mi voluntad ningún secreto,

valiente pongo mi alfil en *fianchetto*

para jugarle un gambito a la muerte.

Agonía

Cita tomada de:

Diego, G. (1951). Ajedrez. En *Limbo*. El Arca.

Recuerdos

Pablo Fernández de Salas

Los años mudan la piel

con la pasión del olvido,

y en mi retina el ayer

encuentra amargo cobijo.

Las arrugas de una actriz

son el espejo que ignoro,

y las luces olvidadas,

el tiempo y su deterioro.

Mareas de aquellos años,

la pleamar seca en mis ojos,

y la succión de un presente

corinto como el otoño.

Las flores que antes raspaba

como quien da a una cerilla

la chispa que ahora me quema

por mucho brillo que emita.

Los cielos que antes lloraban

De todo cuanto fue

para atraer a mis ojos

e intercambiarles su azul

con dos desiertos lluviosos.

Aquellos años pasados

sin esperar el futuro,

aquellos años que aguardo

con cada luna al desnudo.

Con cada paso.

Con cada sueño.

Con cada vez que me abro,

página a página,

y me encuentro con las lágrimas

de aquellos ecos,

de aquellos tallos,

de aquellos tiernos momentos

de la corteza del árbol.

Agonía

Verde mortuorio

Dorita Páez Giménez

El tiempo que podría dedicarle

a mis Campos Elíseos

de breves metros cuadrados

jamás sería suficiente

para garantizar la prosperidad

de su vida vegetal.

Me esmeraría día tras día

en cuidar el verde esperanzador

que es sinónimo de proezas,

y jamás estaría preparada

para la aparición

de las moscas minúsculas

que se deslizan entre la putrefacción

y el olor a humedad.

Fracasaría deliberadamente,

y todas las horas abocadas

a nutrir y amasar la tierra

no habrían valido la pena.

Agonía

Hay ocasiones en la vida

en que nada predice

ese verde, casi morado de asfixia,

y no hay ternura que detenga

a la muerte en su campaña

de conquista celular

cuando circula haciendo sepsis.

La química de la vida y la de los colores

se entremezclan,

y al final del día

memorizo la textura

de ese gajo muerto

que tiene el mismo color

de tu cuerpo en agonía.

Al final del día, es cierto

que los funerales son un hecho cotidiano

al que asisto tras el arrojo

de intentar, porfiadamente,

erigir un Jardín Babilónico

en esta isla de sal.

Pánico

Elisenda Romano

Mi malestar

es un dolor que no acaba,

mella mi corazón

y hasta la acera de enfrente.

Respiro,

me ahogo,

aprieto mis ojos cerrados,

estériles.

Mi caparazón tiembla,

es un sollozo y encierro de pestes.

La sonrisa se me cansa,

me come hasta los dientes.

Creía en la libertad

hasta que la cotidianidad desaparece

y solo perdura en el fondo,

en el recuerdo,

un pasado en el que fui yo,

pero ya me he ido.

Viaje sin retorno

Pathos

Lo suyo no fue un viaje repentino, sino un tránsito casi inadvertido en un recorrido sin retorno. Sí, lo había pensado, primero fugazmente, luego con mayor frecuencia, cuando tomó conciencia de que empezaba a perder la influencia y el control sobre los hijos, las cosas y hasta sobre su propio destino. Sin anuncios ni despedidas, arrastró consigo un pesado equipaje de recuerdos hacia el lugar más remoto que encontró. Allí se instaló como un ermitaño, acompañado por unas pocas plantas y un par de mascotas que se convirtieron en los únicos interlocutores.

Como un ludita moderno, renunció a todo medio de comunicación con el mundo, no tanto para evitar que supieran de él, sino porque la rapidez con que el planeta cambiaba le provocaba un vértigo insoportable. Logró ralentizar el tiempo al ritmo de sus movimientos, hasta convertir su existencia en una fotografía permanente.

Años más tarde, cuando percibieron su ausencia, tuvieron que forzar la entrada a la morada. Solo encontraron las osamentas del anacoreta y las mascotas.

Alma a trizas

Raúl Carreras

En la negra oquedad de un alma a trizas,
el augurio del mármol congelado
mortifica del cuerpo del amado
la certeza de póstumas cenizas.

Y la tarde se tiñe de cobrizas
perspectivas, de un cielo atormentado
por quebrantos del lapso ya pasado,
por las nubes que saben que agonizas.

Tan solo sentimientos de tristeza
se abrazan a los nimbos con el sol
del vacío, donde el tiempo se ha roto.

Entonces, rememoras su belleza,
y esperas que revivan en formol
presencias de otro mundo más remoto.

Bigote de abuelo

Miguel Gómez Castro

Desempolvado en ayer, recuérdese eterno,
reposa un instante tallado en el momento,
cuando tiempo que sé, vuelo sempiterno,
se detuvo en suave línea de su infierno.

Cuando ya, débil y serio, se longevo,
me pide en un día un beso y un velo;
si pudiera yo ver si esa tarde mis dedos
retocasen un poco su bigote de abuelo.

Abrumado por ese sentimiento sincero,
agarré la cuchilla como un lapicero,
cabizbaja la frente y acercado a su pelo
blanco y de nieve, de tiempo certero.

Cuando ya, débil y serio, se mi abuelo,
amargo en su cueva y en su tiempo casero,

dejó el humo caer tras el cenicero

y rompió el litro en tres, trastocado su miedo.

No fue el hecho de que mi abuelo

pidiera mi ayuda afeitando su vello,

fue más saber que, aún en tiempo harapiento,

se quiso acercar de esta forma a su nieto.

Cuando ya, débil y serio, se longevo,

alguna mañana con pericia y cautelo,

se acercó a pedirme un café mañanero,

con el mal en la sangre y la sangre en los huesos.

Cuando ya, débil y serio, se mi abuelo,

se marchó para estar con la luz del Consuelo,

sé que quiso mostrar que confía en su nieto,

cuando me pide afeitarle su bigote de abuelo.

De todo cuanto fue

Morir en silencio

Dany Perag

Agonía

Ese sueño que tuve ayer me persiguió esta noche. El miedo a la sorpresa del espejo retumba en tu compañía medio fantasmagórica. La libertad a medias que me espera es a medias repudiada por un cuerpo que solo pide ser correspondido y tocado por la maravilla de lo calmo. El silencio ya no me es tan cómplice como solía serlo. Ahora será, y solo puede ser, como el Protos en la despensa: un adorno entre muchos.

A veces me pregunto a qué me ha traído la vida y siento que me falta por hacer. A veces miro mi descendencia, y la descendencia de mi descendencia, y me siento vieja, sola, tierra infértil. La música a todo volumen ya no me llena los oídos, pero sigo saliendo cada noche a perseguirla, con el vestido corto, el escote, los tacones. Las arrugas no le molestan al alcohol servido en copa VIP, y los cuerpos tersos que me rodean sufren las nimiedades de la vida sin saber lo que les espera con los años. La soledad es algo que se suele ver de lejos.

Antes de darme cuenta, el pelo se me había tintado con el polvo de los cráteres lunares, y los huesos se me habían desinflado, y la sangre se me había contaminado, y aquel que (casi) siempre estuvo ahí, tabaco en labios y whiskey en mano, se me había desvanecido en un abrir y cerrar de ojos. Los hijos crecen y se van; aunque regresen de forma puntual y esporádica, ya jamás serán tuyos. Los nietos nunca te han pertenecido. Y los restos de tu árbol genealógico mueren con el sol que te molesta en los ojos secos de amanecer en un funeral.

La caja era grande; siempre fue un hombre alto. Era de color negro oscuro, como la profundidad de su mirada. Prendí velas, como cuando en la noche de bodas me hizo suya. Llené jarrones con flores, como cuando en el altar prometió ser mío. Han pasado algunos meses ya. Lloré menos de lo que pensé cuando ocurrió todo. En el fondo, ya estaba lista: me habían avisado, en sueños de juventud, unos ángeles que a veces vienen a contar las ¿malas? noticias.

Ahora la casa se me hace grande y hasta las pestañas se han tornado más blancas. Son las 10 p. m. Necesito dejar de pensar, de escribir. Iré una vez más con el vestido corto, escotado, y los tacones. Iré una vez más a resucitar nuestra juventud de amantes. Iré una vez más a imaginar que, entre copas y más copas, el coma etílico me llevará hasta su lado.

Iré una vez más a morir entre la multitud.

Historia sin comienzo
Paula Obeso

—¡Perdóname!... ¡perdóname! No quise que terminara así.

Sentada en su propia sangre en el piso del baño, gritaba lo mismo una y otra vez después de haber vaciado en el sanitario la bolita cristalina que no estaba destinada a ser su hijo.

Desnuda de la cintura para abajo, se aferraba a las pantaletas empapadas en un llanto inagotable que amenazaba con dejar su pecho tan vacío como su vientre.

Desde algún lugar, una voz —la suya propia— le decía: «¿Por qué estás llorando? No entiendo». Pero tal apatía solo hacía que su dolor fuera más insoportable.

En la puerta abierta, una sombra se proyectaba desde el abismo. Allí, sin estar, un joven suicida contemplaba en silencio a la madre de quien deseó nunca haber nacido.

Es la muerte

Enrique Morte

Es la muerte esa distancia inesperada,

ese nos faltó el tiempo,

ese vacío en el pecho,

ese saber que no podré

volver a hablar contigo de la vida

o del amor que empiezo a sentir

por las cartas y las flores.

Es sentir al caminar

que a las calles les falta

una pieza vital

para no estar vacías.

Es la muerte

extender mi abrazo hacia la nada

sin recibir el tuyo de vuelta

y nadar en mi llanto

De todo cuanto fue

diez minutos antes de dormir

entre recuerdos que se borran.

Es perder la pieza

que da sentido al rompecabezas

y saber que no hay repuesto.

Es la muerte

esperar eternamente a que regreses.

Agonía

Recuerdo de una imagen

Denis Beuthner Moreno

Sellada está en mi alma tu figura,
dotándola de un púdico placer,
y aunque en mí no cabe tu inmenso ser,
me bastan sus vestigios y estructura.

De esta imagen depende mi cordura,
motivando el clamor por no perder
el hoy recuerdo, vivo fuego ayer,
mañana olvido, llanto y sepultura.

¿Mas valdré para de aquello escaparme
y burlar el fin del camino incierto
si a nadie antes jamás vencer convino?

Mi suerte está echada: que si matarme
por verte una vez más es mi destino,
por quien debiera morir habré muerto.

Para un desertor

Celic Rosas

La muerte en su forma

de huida,

de renuncia,

de abandono.

La cuota de pago

en su contrato.

La ausencia como

moneda de cambio.

Y lo que queda:

un desplazamiento forzado,

una patria que no existe más,

un exiliado.

Miedo

Aurora Hernández

Tengo tanta suerte de poder sentir que la vida se acaba y solo se acaba. Que simple y complejamente sucede. La tengo. Aún así, desde mi naturaleza, me asusta hablar sin saber. Desde la ausencia de esa falsa sensación de control tan nuestra, no tener la capacidad de lograr hacerlo. Es esa consciencia la que me permite sentir miedo de que esto dejará de ser. En rotundo.

No quiero nombrar lo que nunca he visitado y mucho menos perjurar lo que nunca he sentido y sentiré, ni creer que algo será solo por lo que me han enseñado que puede ser. No sé qué hay más allá del viento. Todo el posible lamento que llevo dentro se ha fabricado con lo que la masa me explica y no con lo que la Creadora expresa. La vida se ha de preservar y luchar; es supervivencia. Evitar peligros de muerte, física o mental (hay predisposiciones), pero nunca temer al final que llegará cuando sea pertinente, cuando deba llegar. Coexistir con las tragedias infundadas por traumas humanos alimentados sin un interés de ser resueltos, es antinatural. Y me da miedo que ese sea el modelo de supervivencia. Porque a lo mejor no siento tanto y entiendo menos.

Una última copa

L.H.R.

Hago de todo para quedar en nada.

Derramo lágrimas que de insipidez osaron pecar,

y me embriago con ellas, mi garganta ardiente,

mientras el camarero otra ronda sirve.

Sirve rondas de desgracias de elevado grado,

sirve amores, sirve calmantes para malos tragos,

sirve sudor de un tiempo mal pasado,

sirve nostalgias de un verano lejano.

La aguja en mi muñeca un sinsentido parece:

se curva, vibra, retrocede;

nublan los borrosos números y me convenzo

de que flirteo con algo sempiterno.

Hago de todo para quedar en nada.

Al final de la botella no queda el recuerdo

Agonía

de mis labios sobre la copa que

a otro pobre infeliz arruinaría.

Hago de todo para quedar en nada,

y me desvanezco bajo los brazos

de aquel camarero que me susurra,

como si pudiera entenderle y que me creyó sobria,

que mi bar había cerrado.

De todo cuanto fue

Hágase nuestra voluntad

Pathos

Al menos, cuando era agudo, lo soportaba mientras adoptaba mil posiciones o rememoraba instantes felices, pero, desde que se tornó crónico, estos trucos se volvieron inocuos. Quiero poner fin a esto, me digo y les digo.

—Ni lo pienses. Es pecado, recuerda que la vida no nos pertenece. Es una prueba que debes soportar con resignación. ¿Tienes mucho dolor?

Mi expresión responde a su pregunta absurda.

—Te daré catorce gotas. Mejor dieciséis. Ya verás que pronto no sentirás nada.

El mundo gira a mi alrededor distorsionado, como visto desde abajo el agua. Se afanan por acomodarlo: las mantas, las cortinas, las medicinas. Quiero gritarles que el desorden no está fuera de mí.

Lo intento una vez más. Ya no quiero vivir.

—Son los efectos del analgésico; es normal —alcanzo a escuchar.

—La conclusión de la Junta Médica es que, aunque irreversible, todavía tiene unos días más.

—La solicitud de eutanasia debe radicarse de nuevo.

Se acercan y me informan:

—Consultadas todas las partes, la decisión es que todavía no es tiempo de que nos abandones.

La parca

Kabur

La muerte es una dama
en ocasiones perezosa,
pero nunca infractora.

Y cuando me alcance,
porque sí, también me alcanzará,
mi piel será una con la grava,
y la espada del tiempo
me acariciará entera la frente.

Y las hiedras planearán
cómo acurrucarse en mi lápida
y cómo van a besar las letras
infatigables de mi epitafio.

En ese momento,
no habrá verso que valga;
en ese momento, los pájaros
cantarán como si nada hubiera pasado.

Si se muere

Aurora Hernández

Llevo un dolor muy dentro de mí que habla de todo menos de mí.

Tiene las caras de todos menos la mía y las lágrimas del mundo, a excepción de las de mis ojos.

¿Cuánto quedará para que la oscuridad me arrope y me haga ser protagonista de la historia que solo será mía, en la que únicamente estaré yo?

Si miento a la muerte, me haré el camino menos duro, teniendo un fin en el medio, como si el cuerpo que tengo no estuviese también preparado por todos para rechazarla. Gracias a Dios que llevo un alma y no la he dejado hacer añicos, aunque se me haya resbalado. Cuando se me pudra, escribiré cartas a La Esperanza para ser oída con el deseo de que me permita llorar por mí. Querré sentir el dolor que tengo por el cuerpo que dejaré y no será propio. De la forma que hago sin saber.

Llevo un dolor muy dentro de mí que habla de todo menos de mí.

Si mi alma se muere, lo hará porque se engarrotará siendo arrebatada para dar de almuerzo a garrapatas, y moriré yo consigo. Me alegraré, con nada de mí quedando para seguir sufriendo por otros. Seré lo más libre que he sido en un plato de loza. No me lamentes. Apláudeme sin dejar de llorarme. Después ríe como yo reiré si mi cuerpo se muere.

La muerte

Raúl Carreras

Se oculta la luna
por nubes opacas,
pintándose el cielo
de lóbrega estampa.

¡El viento se agita!
Corrientes heladas
gimiendo en la noche
anuncian la parca.

Parecen suspiros
de tristes fantasmas,
y son los siseos
que entonan las ánimas.

La muerte se acerca
con una guadaña,
la piel se estremece
del miedo que causa.
Se envuelve en ventiscas

Agonía

y en trémulas ráfagas,
en negros augurios
de un terror que espanta.

El tétrico espectro
que trágico brama,
al cumplir su encargo
entre sombras marcha.

Se marcha sabiendo
que no habrá un mañana
para aquella vida
que ahora se acaba.

Y deja la muerte,
al partir impávida,
un escalofrío
que escarcha hasta el alma.

Viaje en bus

Paula Obeso

Para ella.

Se encuentran como siempre, a las 6:17. Afuera de la oficina, la tarde flota en vapores rojizos, y la última exhalación del día parece desdibujar los contornos de la ciudad.

Caminan por la 10. Faby va fumando (observa cómo gira su cabeza y tuerce los labios para que el humo no te alcance). Le preguntas si no había dejado ya de fumar, pero ella solo ríe un poco y te dice:

—...Ni pienso hacerlo.

Llegan a la avenida Las Vegas y te despides en el lugar habitual, pero ella apaga el cigarrillo contra la acera y te dice que hoy se va contigo en el bus.

—¿El Circular pasa por Campos de Paz, cierto?

Le dices que sí, pero no preguntas nada. Poco después, el Circular Sur se detiene frente a ustedes con su bramido de animal cansado, y se suben. Contra todo pronóstico, hay una banca vacía al fondo, en plena hora pico.

Normalmente, cuando sales de la oficina, solo quieres ir escuchando tu música y desentenderte del mundo, pero realmente disfrutas de la compañía de Faby. Así que se van conversando: tú le cuentas la última de tu jefe misógino y ella se queja de que no le pagan lo suficiente.

Ahora, Faby te está contando una historia de cuando trabajaba en un banco en Caracas y, mientras la escuchas, tu mirada vuela distraídamente hasta posarse sobre las agarraderas de plástico que cuelgan sobre ustedes.

Te detienes en las manos que se aferran a ellas y en los cuerpos que se zarandean ante cada súbito frenazo. Con cada sacudida, tu atención se agudiza, y casi puedes percibir una sutil línea en los contornos de todas las cosas. Poco a poco, intuyes algo oculto en el vaivén de las manos; una realidad brutal y secreta que te habla desde otro lugar.

—¿Lu?

Faby se te queda mirando con la cabeza inclinada; espera una respuesta, una sonrisa, una opinión, o quién sabe qué. Pero tú no reaccionas de inmediato (de hecho, casi te sientes como si fueras en cámara lenta). Te vuelves hacia ella, y es como si la vieras por primera vez.

Observas con cuidado sus ojos oscuros, sus pómulos marcados, su sonrisa (recién te das cuenta de que tiene unos dientes perfectos), y las hebras negras que caen en diagonal sobre su frente. Y allí, bajo su pelo, la marca violeta que atraviesa su cuello.

—¿...Faby? —murmuras, acaso tanteando una realidad improbable.

La sonrisa de Faby se desdibuja, pero no del todo. Ahora te devuelve una mirada serena, como sabiendo. En este instante, te parece como si cayera un telón, y ambas vieran tras bambalinas de un gigantesco teatro. Sin embargo, la gente a su alrededor sigue ahí: sube, baja, se apretuja, y el bus sigue avanzando con su andar torpe de bestia.

Faby baja un poco la cabeza y, después de un breve silencio, pregunta sin mirarte:

—¿Qué quieres saber, mi Lu?

Te quedas observándola. Sí, realmente es ella. Están ahí, una junto a la otra, dos amigas en el Circular Sur, una tarde de octubre de 2015. Sientes el barandal metálico bajo tu mano, el aire cargado de humedad, el reguetón que suena en la radio mezclado con diálogos indistintos y los rugidos de Medellín.

Una ola de lava te sube desde el estómago. Tienes ganas de vomitar, la cara se te pone caliente y se te nublan los ojos, pero cierras los párpados y respiras muy, muy profundo.

Ya. ¿No te parece que deberías decir algo? Dale, llena el silencio con lo más estúpido que se te ocurra.

—¿...Te... dolió mucho?

Pero Faby no desdeña tu pregunta; de hecho, parece gustarle. Tal vez le sorprenda que a alguien le importe su dolor. Mira por la ventana como contemplando un recuerdo lejano y, después de pensarlo un poco, se vuelve hacia ti y te dice:

—No... no es dolor. Es terror, mi Lu. Llega un punto de no retorno, ¿sabes? Y es como que todo tu cuerpo lucha... pero tú sabes que ya no hay vuelta atrás. Y para uno, todo eso pasa súper lento... Lo único que quieres es que se acabe rápido.

«Que se acabe», piensas, y vuelves a ver su cuerpo suspendido, como el péndulo de un reloj que se ha roto para siempre. Del fuego pasas al agua, un caudal bravío que tu piel no alcanza a contener, y lanzas un quejido ahogado que termina en un llanto deforme y escandaloso. La gente del bus te lanza algunas miradas entrometidas que normalmente te sacarían de quicio, pero hoy no te importan.

Lloras. Quieres decirle que te duele su soledad, no haber sido la amiga que necesitaba, no haberle mostrado cuánto te importaba. Que imaginaste mil veces entrar a ese baño y salvarla, antes de que no hubiera vuelta atrás. Pero el llanto no te deja articular palabra.

Faby te abraza, cálida como siempre.

—Yo sé, mi Lui bella, yo sé. No es culpa tuya... no es culpa de nadie.

Instantes después, se acuerda de que tiene unos *Kleenex* en el bolso y busca uno para que te limpies. Te calmas un poco, enjugas tus lágrimas y te suenas la nariz. Permanecen un tiempo en silencio, una junto a la otra. Una señora te golpea sin querer con una bolsa llena de flores, te recuerda que sigues en el bus. Cuando te terminas de tranquilizar, te animas a preguntar:

—¿Qué estamos haciendo aquí, mi Faby? ¿Qué es esto, un sueño, un recuerdo? ¿Una premonición?

—Es real, mi Lu. Todo es real. ¿Ves? No me comí el arroz.

Entonces señala frente a ella, y ves una mesa sobre la que hay un plato gris con tres bultitos de arroz. Están en ese restaurante de sushi que les gusta, ella pidió nigiris pero solo se comió el salmón, porque está a dieta. Tienes una copa de vino rosado en tu mano, tan tangible como el barandal metálico del bus. Faby y Susy se están riendo a carcajadas, no sabes exactamente por qué, pero a ti también te entran unas ganas irresistibles de reír.

Sí, sí, no te aguantes, ríete. Ríe como si no hubiera un mañana, como si el mundo y sus acontecimientos no fueran sino un gran chiste.

Entonces te ríes hasta que te duelen la cara y el estómago, tanto, que te olvidas de todo lo demás; y te parece que esto, aquí mismo, es la felicidad.

Eso, toma un poco de aire. Masajéate las mejillas, bebe un sorbo de vino.

Baja la copa, ahora estás en la casa de Faby. Mira, aquí están Susy, la familia de Faby y sus amigos que vinieron de Venezuela; acaban de brindar por su cumpleaños número treinta y cinco.

Su mamá se acerca a ti y te ofrece una rebanada de torta y una de quesillo. Tú estás llena de comida hasta la cabeza, pero las aceptas igual, porque Doña Vivian cocina como los dioses y tú no quieres desperdiciar.

Cierra los ojos, disfruta la textura suave del quesillo deslizarse por tu garganta.

—Es real... —dices, aún con los ojos cerrados. Los abres y ves a Faby sentada junto a ti en el bus, que frena con un chirrido.

—Todo... —dice ella, levantando el vino para que no se riegue con el frenazo— Real como nosotras. Como esta copa, como el bus, como la gente que nos mira aquí y en cualquier lugar. Real como la marca en tu cuello, mi Lu.

Te parece que no escuchaste bien, ¿qué dijo? Pero si tú nunca…

Levantas la ceja en un gesto que pretende ser de ironía e interrogación. Pero te llevas la mano al cuello y ahí está: un collar tatuado, hecho de soledad y terror. El bus pega otro fuerte frenazo, y esta vez sientes como si te golpearas de cuerpo entero contra la tierra.

—¡Cementerio Campos de Paz!— Grita el chofer desde el otro lado del bus.

Faby se bebe de un trago lo que le queda de vino, se cuelga el bolso al hombro, y te hace un gesto con la cabeza para que te levantes.

—Aquí nos bajamos, mi Lu.

¿Qué decir después de una muerte?
Ana Belén Jara

Agonía

¿Qué decir después de una muerte?

Solo las madres lo saben.

Llevan semillas de maíz

en las manos,

tarros con mote y papa,

jarras con mazamorra,

peinados excéntricos,

juegos con trampas

y trucos heredados.

Hacen del consuelo

un almuerzo

cocido al fuego

lento de un amor

herido y abandonado,

conocen cuál será el fruto

de esta tramposa muerte

y qué cuerdas se entonarán

con el canto de

los hijos.

¿Moriremos a tiempo?

Solo las madres

lo saben,

y cuando llegue el momento

nos darán la mano

y cavarán soles

en esta tierra jodida,

pondrán el alma en remojo

y con un pellizco

en las mejillas

sabrán revivir

el pellejo más

despoblado.

¿Qué decir después de esta muerte?

Solo mi madre

lo sabe.

Ego iam mortuus sum

Isabel Ojeda

Ya estoy muerto. En la ducha con mi navaja;

resistiéndome a hacer espumero.

En el purgatorio de mi cuarto.

                 Ya estoy muerto.

Junto a la mujer del perro

que platica con demonios mientras duerme

e inconsciente la pata mueve, / *tocando una novena puerta.*

Con el amor que huele a lo fétido de nuestro primer beso.

       Ya estoy muerto.

Al someterme a la ausencia

para los que me querían

en la escultura de un cementerio.

               Ya estoy muerto.

Agonía

Autores

Alejandro Kosak
Nació en 2001 en Argentina. Hace parte de Letras & Poesía desde el año 2023. Ha participado de las antologías *Metafísica* (2023) de Funga Editorial y *La lenta disolución de lo diurno* (2024) de Bruma. También ha publicado de manera autoeditada *Los días náufragos* (2024).

Ana Belén Jara
Nació en 1990 en Argentina. Es periodista y comunicadora social, autora de *Cataclysm*, *El desalojo de un cuerpo* y *Con dos pesos ya no alcanza*. Su obra aparece en antologías internacionales de poesía, fotografía y cuento, como los Premios Itaú, Literariedad y Casapaís.

Andrea Crigna
Nació en 1995 en Perú. Publicada en tres antologías del colectivo Letras & Poesía y nominada en las categorías de "Escritor(a) del año" y "Mejor episodio de podcast poético". Reconocida en el concurso Cuenta Lima – 30 historias sobre nuestra ciudad en 2016, y en el Top 5 de los Juegos Florales Universitarios 2016.

Aurora Hernández
Nació en 2000 en España. Es escritora y autora de *Cantinelas recurrentes*. Ha ganado en sus dos participaciones en Letras & Poesía Slam (6ª y 9ª temporada) y ha colaborado en diversas antologías del colectivo. Su obra, crítica y reflexiva, explora la existencia y las pasiones.

Carlos Grossocordón
Nació en 1994 en España. Es doctor *cum laude* en Comunicación Audiovisual y máster en Cine Fantástico y Ficción Contemporánea. Apasionado de los cómics y el ajedrez, comenzó su carrera literaria con la publicación de la novela corta *El túnel* (2021) y la colección de relatos *Hágase la luz* (2023).

Celic Rosas
Nació en 1998 en México. Es licenciada en Literatura, con una maestría en Literatura Española e Hispanoamericana por la Universidad de Salamanca y una especialización en Content Marketing por York University. Ha publicado poemas en Filo Palabra y escribe mensualmente para Letras & Poesía.

Coti Molina
Nació en 1980 en Argentina, y vive en Comodoro Rivadavia, provincia de Chubut. Publicó el poemario *La Basurita en el Ojo* (Amazon) y participó en las antologías *Manija II* (Left), *Postales del Subsuelo* (Sudestada), *Mientras me hábito*, *No podrán detener la Primavera* y *Lo mejor de 2023* (Letras & Poesía).

Dany Perag
Nació en 2000 en Cuba. Es una escritora que explora temas de profunda resonancia emocional y social desde una óptica íntima y experimental. Graduada de Letras por la Universidad de La Habana, sus textos combinan lo clásico con lo innovador, integrando lo aprendido de sus maestros, y jugando con la forma y el sentido.

Denis Beuthner Moreno
Nació en 2001 en España. Estudia Medicina en la Universidad de Murcia. Toca el piano desde los nueve años, habiendo cursado la enseñanza profesional en la Escuela de Música Chaplin. En 2021, Europa Ediciones publica su poemario *Palabras de olvido*, una historia en verso de maduración por los vastos caminos del amor.

Diego Mattarucco
Nació en 1976 en Argentina. Este artista radicado en Madrid es un asiduo ganador de certámenes de Poetry Slam y autor de varios libros, álbumes de música y espectáculos, se siente igual de cómodo frente al público que en el escritorio o el piano. Le gustan los paseos de la mano bordeando un río casi tanto como explorar verbalmente lo que emana lo humano.

Dorita Páez Giménez
Nació en 1998 en Argentina. Es estudiante de la Licenciatura en Psicología y de la Tecnicatura en Acompañamiento Terapéutico (UNC En 2023, publicó su primer poemario llamado *Arqueología de mi tristeza*. Desde el mismo año colabora para la plataforma Letras & Poesía.

Elisenda Romano
Nació en 1994 en España. Es graduada en Lengua española y literatura hispánica, y ganó el XLIII Félix Francisco Casanova 2019 modalidad relato corto. Ha publicado en varias revistas como Furman 217, Autores, y Letras & Poesías. En el 2024, publicó el poemario *Tu nombre en la vena*.

Enrique Morte
Nació en 1983 en España. Descubre la poesía en la adolescencia y encuentra en ella la manera de expresar las emociones que siempre guardó para sí. Dice escribir para entenderse y entender el mundo que le rodea y espera no conseguirlo nunca del todo.

Estefanía Soto
Nació en 1989 España. Es periodista y escritora, ha trabajado en comunicación en varios países, como Alemania y Francia. Ha ganado varios premios nacionales e internacionales en poesía y relato. Es la vencedora de la décima temporada de Poetry Slam de Letras & Poesía. Su último poemario es *Cuadernos de Guinea, Travesía incompleta* (2023).

Fabio Descalzi
Nació en 1968 en Uruguay. Es traductor, docente, escritor y arquitecto. En un torbellino creativo, a los cuarenta y cinco años comenzó su producción textual, caracterizada por la interculturalidad, el realismo y las temáticas adolescentes. Participa activamente en el colectivo literario Letras & Poesía. Ha publicado *Amigos orientales* (2017) y *Tres terribles tigres* (2020).

Isabel Ojeda
Nació en 1996 en México. Es escritora y poeta con un máster en Literatura Hispanoamericana. Su obra explora temas como la memoria y la psicología humana mediante un lenguaje experimental. Ha publicado *Orfa / Natos* y *Origen para tu estación*, siendo reconocida en antologías y encuentros internacionales.

Jotaerrecé
Nació en 1998 en España. Es licenciada en Filología Hispánica por la UPV y realizó un Erasmus en Milán. Posee másteres en Profesorado y ELE. Ganadora del Poetry Slam Hispalis y del undécimo Slam de Letras & Poesía. Ha sido profesora en Londres y el País Vasco y se ha formado en teatro en Sevilla.

Juan Ignacio Kabur
Nació en 1991 en Argentina. Participó de las antologías *Poesía desplegada* (2019) y *Poesías dispersas* (2020) de la editorial Dunken de Argentina. En 2020, publicó su primera obra *Versos ferales*. Y en 2024, fue elegido como presidente de la SADE (Sociedad Argentina de Escritores filial Escobar).

Kervin Briceño Álvarez
Nació en 1985 en Venezuela. En 2014, ganó el Concurso de Poesía Iraset Páez Urdaneta (Venezuela) y fundó el círculo de lectura Pergamino Literario. Entre 2019-2020 gestionó proyectos culturales en Lima, Perú. Tiene un postgrado en Cooperación y Gestión Cultural (2022) y estudia el Máster en Mediación Ficcional y Creación Literaria (2024).

L.H.R.
Nació en 2007 en España. A la edad de once años decidió embarcarse en la escritura. En 2024, finalizó segunda en el III Certamen Literario Cascabel de Poesía y Relato Corto en la modalidad de relato corto. Posteriormente, se unió al colectivo Letras & Poesía.

Miguel Gómez Castro
Nació en 2002 en España. Es autor de poemas

y relatos telúricos cargados de evocación y misterio, inspirado por la vida rural. Además de narrativa, ha publicado poemarios como *Memorias de Sal y Limón* (2021) y *Bitácora de Campo* (2024).

Miguel López Pardo
Nació en 1998 en España. Comienza a interesarse por la escritura gracias a la revista *El Fuego*, en la que llega a publicar hasta en dos ocasiones. En 2024, entra a formar parte como escritor mensual en la plataforma de literatura independiente Letras & Poesía.

Pablo Alejos Flores
Nació en 1999 en Perú. Es traductor de inglés y portugués, y editor independiente de narrativa y poesía. En 2024 ha publicado *El alienista*, *El ápice de lo absurdo*, *O cantor do cativeiro*, *Charcos*, y *Sobre vivir*. Actualmente se especializa en traducir cuentos de terror, fantasía y ciencia ficción.

Pablo Fernández de Salas
Nació en 1990 en España. Escribe poesía desde la adolescencia, y otras historias desde que aprendió a utilizar un bolígrafo. Es ganador de varios certámenes literarios, ha participado en distintas antologías de Letras & Poesía y publicado *Nieve de primavera: Poemas de un científico en Estocolmo*, poemario sobre su experiencia postdoctoral en el extranjero.

Pathos
Nación en 1960 en Colombia. Es contador de historias de los que sufren, de los que lloran, de los que mueren en silencio y silenciados en el anonimato. Aprendió a escribir escribiendo relatos. Espera seguir escribiendo para continuar aprendiendo. Para 2021, en el diario *El Espectador*, en "La Esquina Delirante", aparecieron sus primeras publicaciones. Miembro de Letras & Poesía desde 2022.

Paula Obeso

Nació en 1984 en Colombia. Es publicista, madre y esposa, entre muchos otros títulos. Su amor por leer y escribir historias creció poco a poco desde la niñez hasta convertirse en un aspecto central de su vida. Por eso, entre sus múltiples roles, es en la literatura donde encuentra su manera más auténtica de ser en el mundo.

Raúl Carreras

Nació en 1974 en España. Es licenciado en Derecho por la Universidad Autónoma de Madrid. Ha publicado dos poemarios *Sueños y desvelos* y *Donde habitan mis musas*, donde habla de amor, pasión, erotismo y relaciones personales. Basa su poesía en el ritmo y musicalidad que le otorgan la métrica y la rima.

Letras & Poesía
LITERATURA INDEPENDIENTE

Es una realidad que los escritores independientes no cuentan con muchos espacios que les permitan desarrollarse y llegar a más lectores. Esto ocurre porque la mayoría de editoriales y plataformas literarias le dan más peso a la rentabilidad que a la calidad: importa más un nombre reconocido que venda, que la verdadera calidad literaria.

Letras & Poesía nace en el 2016 como una comunidad alternativa que promueve la libertad de expresión, la diversidad y donde se prioriza el talento por encima de todo; un espacio donde sus autores miembros logran mayor visibilidad y viven experiencias literarias invaluables. Somos la plataforma líder de literatura independiente en español.

Aquí
**termina el libro y
empiezalaresacadeideas.**
A veces los libros terminan, pero las ideas continúan dando vueltas en la cabeza. Si tienes esa sensación, ¡bienvenido al club! Gracias por leer hasta el final, y no olvides compartir el caos literario. Esta antología fue terminada de editar por el equipo de Letras & Poesía en noviembre de 2024, en Colombia.

Made in the USA
Columbia, SC
07 February 2025